KB194567

기독교
사용 설명서
9

교회력

세움북스 는 기독교 가치관으로 교회와 성도를 건강하게 세우는 바른 책을 만들어 갑니다.

기독교 사용 설명서 9
교회력

초판 1쇄 인쇄 2021년 12월 25일
초판 1쇄 발행 2021년 12월 30일

지은이 | 안재경
펴낸이 | 강인구
펴낸곳 | 세움북스

등 록 | 제2014-000144호
주 소 | 서울시 서대문구 연희로 160 연희회관 3층 302호
전 화 | 02-3144-3500
팩 스 | 02-6008-5712
이메일 | cdgn@daum.net

교 정 | 이윤경
디자인 | 참디자인

ISBN 979-11-91715-29-3 (03230)
 SET 979-11-91715-20-0 (03230)

* 이 책은 신저작권법에 의하여 국내에서 보호를 받는 저작물입니다.
  출판사와의 협의 없는 무단 전재와 무단 복제를 엄격히 금합니다.
* 책값은 뒤표지에 있습니다.
* 잘못된 책은 교환하여 드립니다.

기독교
사용 설명서

9

교회력

안재경
지음

세움북스

목차

시리즈 서문

독일의 개혁자 마틴 루터가 비텐베르크 성곽교회 문에 면벌부를 반박하는 95개조 대자보를 내 붙인 지 500년을 훌쩍 지나 몇 년이 더 흘러가고 있습니다. 종교개혁은 제도적인 개혁, 도덕적인 개혁에 불과한 것이 아니었습니다. 종교개혁은 예배의 개혁이면서 동시에 교리와 삶의 총체적인 개혁이었습니다. 이 종교개혁이 거대한 로마교회체제와 성도들의 신앙생활을 흔들어 놓았습니다. 하나님을 참되게 예배하기 시작하면서 교인들은 두려움이 아니라 기쁨과 감사 가운데 살아가기 시작했습니다. 그 개혁의 불꽃이 교회만이 아니라 유럽 사회 전체를 새롭게 했습니다. 과연 우리 한국개신교회는 개혁의 그 아름다운 모습을 얼마나 누리고 있을까요?

종교개혁 500주년을 맞아 종교개혁이 교회의 몇몇 악습을 제거한 것이 아니라 총체적인 개혁이었음을 드러내기 위해 『종교개혁자들과의 대화』(SFC출판부) 12권 시리즈를 발간한 바 있습니다. 그 시리즈를 통해 종교개혁이 예배, 교회, 역사, 교육, 가정, 정치, 경제, 문화, 학문, 교리, 과학, 선교를 어떻게 변화시켰는지 살펴 보았습니다. 우리 청소년들이 어떤 영역에서 일하든 하나님의 사람으로 살아갈 수 있다는 것을 보여주려고 했습니다. 이 종교개혁 500주년의 후속 작업이 바로 본 시리즈 『기독교 사용 설명서』입니다. 본 시리즈는 우리 기독교의 근본을 재확인하고, 다시금 개혁의 정신을 되살려 오직 하나님의 영광을 위해 살아가고자 하는 마음으로 기획했습니다.

본 시리즈에서는 기독교를 총 4부로 나누어서 설명합니다. 제1부는 종교개혁, 교회정치, 교회직분입니다. 우리는 종교개혁의 역사를 통해 교회정치와 직분이 어떻게 새로워졌는지를 잘 알아야 합니다. 제2부는 사도신경, 십계명, 주기도문입니다. 개혁자들은 교리문답을 만들었는데 그 교리문답들의 대부분은 이 세 가지를 해설하면서 기독교신앙의 요체를 드러내었습니다. 사도신경은 우리가 믿고 있는 삼위일체 하나님을 고백하는 것이고, 십계명과 주기도문은 우리가 어떻게 감사의 삶을 살아야 하는지를 잘 보여주고 있습니다. 제3부는 공예배, 교회예식, 교회력입니다. 교회는 예배를 위해 부름받았고, 각종 예식을 통해 풍성함을 누리고 교회력을 통해 이 세상에서 그리스도를 누리면서 새로운 시간을 살아갑니다. 마지막 제4부는 혼인, 가정예배, 신자의 생활입니다. 우리는 하나님이 처음부터 제정하신 제도인 혼인을 통해 언약가정을 이루고 가정에서 예배하면서 기독교인으로서 이 세상을 살아갑니다.

그동안 덮어놓고 믿었던 것이 교회의 쇠퇴와 신앙의 배도에까지 이르고 있습니다. 코로나시대에 함께 모여 예배하고 교제하는 것이 힘들어졌지만 기독교신앙에 대해 치열하게 학습할 수 있는 절호의 기회입니다. 우리가 무엇을 믿는지, 어떻게 살아야 하는지 근본에서부터 잘 학습해야 하겠습니다. 각 세 권씩으로 구성된 총 4부의 『기독교 사용 설명서』를 통해 우리 기독교와 교회의 자태를 확인하고 누릴 수 있기를 바랍니다. 12권 시리즈로 기획했기에 매월 한 권씩 함께 읽으면서 공부하고 토론하기에 좋을 것입니다. 기존 신자들 뿐만 아니라 자라나는 우리 청소년과 청년들이 이 시리즈를 통해 기독교의 요체를 확인하고 믿음의 사람들로 든든히 서서 교회를 잘 세우면서 이 세상에서 담대하게 살아갈 수 있기를 바랍니다. 교회를 세우기 위해 가르치면서 해당 주제를 잘 집필해 주신 집필자들의 수고에 감사를 드리고, 이 시리즈 기획을 흔쾌히 받아 출간하는 세움북스 강인구대표께 진심으로 감사를 드립니다.

2021년 11월
개혁교회건설연구소

들어가며

사람은 시간과 공간 속에서 존재합니다. 그리고 우리는 시공간 속에서 각종 의례를 행하며 살아갑니다. 이 세 가지, 즉 시간과 공간과 의례가 우리를 만들어가고 있습니다. 한 민족의 형성도 이 세 가지를 가지고 말할 수 있을 것입니다. 모든 민족이 동일하게 겪는 것이지만 특정 민족이 산 시간과 그들이 살았던 공간, 그리고 그들이 경험한 것을 의례로 기념하면서 자신들을 규정하며 계속해서 형성해 갑니다. 그래서 민족성이라는 것이 형성됩니다. 인종이라는 것이 있다고 하더라고 인종은 시간, 공간, 의례를 통해 개별 민족으로 구분됩니다. 이렇게 시간, 공간, 의례가 개인이나 한 민족이나 나라를 형성한다고 보면 될 것입니다.

기독교인들의 시간경험이 교회력이고 공간경험은 예배당이며, 의례경험은 각종 예식들입니다. 기독교인은 매 주일을 포함한 교회력을 통해 예배당에서 예배하고 예식을 행하면서 그 정체성이 형성됩니다. 기독교인이라면 예배당 건물에 대해 잘 알고 있고, 예배와 예식을 어느 정도 알고 있지만 교회력은 처음 들어보는 분들이 많을 것입니다. 우리 개신교회는 교회력을 그다지 중요하게 생각하지 않기 때문입니다. 부활절과 성탄절을 모르는 교인은 없을 것입니다. 그런데 부활절과 성탄절이 교회력의 일부라는 것은 잘 모릅니다. 교회력은 교회의 달력이라는 말인데 1년 동안 교회절기를 지킵니다. 농경문화에서 1년을 24절기로 나누어서 지키는 것처럼 교회는 1년 전체를, 특히 매 주일을 교회절기와 결부시켜서 지킵니다. 그것이 바로 교회력입니다.

교회력은 갑자기 하늘에서 뚝 떨어진 것이 아니라 그리스도를 묵상하고 그리스도를 누리기 위한 고대교회의 경건을 잘 보여 줍니다. 중세 말기에 '그리스도를 본받아'라는 경건의 방식이 나왔는데 고대로부터 시간 속에서 그리스도를 본받는 방식으로 만들어진 것이 교회력입니다. 교회력은 그리스도의 구속 사역을 재현하고 누리기 위해 만들어진 교회의 지혜입니다. 교회력은 한마디로 말해서 그리스도께서 하신 일을 교회가 구체적으로 누리는 방편이 됩니다. 그리스도께서 이 땅에 오셔서 하신 사역을 회상하기 위한 것입니다. 우리는 교회력을 통해 1년 내내 그리고 해가 거듭될수록 그리스도를 더 풍성하게 누릴 수 있습니다.

한 해의 교회력은 크게는 성탄주기와 부활주기로 나뉩니다. 세속달력으로는 대개 2월부터 5월까지 '부활주기'(사순절-부활절-성령 강림절)가 진행됩니다. 그리고 11월부터 연말 연초까지 '성탄주기'(대림절-성탄절-주현절)가 진행됩니다. 부활주기와 성탄주기 사이 5-6개월간 하나님이 창조하신 세상을 누리는 '평상절'이 진행됩니다. 이에 본서 제1장은 교회력이 형성된 과정을 살펴보고, 2장에서는 부활주기를, 3장에서는 성탄주기를 살펴봅니다. 4장에서는 평상절, 성인의 날, 성서일과, 교회력 색깔 등을 살펴봅니다. 마지막 장에서는 교회력에서 파생되어 나온 각종 기념주일, 감사주일을 살펴보려고 합니다.

제1장
교회력의 형성

제1장
교회력의 형성

교회력, 무엇인가?

기독교회는 시간을 중요하게 생각합니다. 기독교는 역사를 무엇보다 중요하게 생각합니다. 자연종교에서는 실제 일어났던 역사가 중요하지 않습니다. 신들이 죽고 사는 것은 역사적인 사건이 아니라 계절의 순환을 설명하는 하나의 방식이기 때문입니다. 기독교는 하나님께서 구체적인 역사 속에서 구원을 이루신 것에 세워져 있습니다. 하나님께서는 한순간에 공중에서 구원이 뚝 떨어지게 하신 것이 아니라 창조로부터 시작하여 타락, 그리고 타락 이후에 구원을 위해서 일하셨기 때문입니다. 이에 기독교는 역사, 즉 구체적인 장소와 시간에 주목할 수밖에 없습니다.

사람은 현재를 살 수밖에 없지만 과거를 현재에 불러내고 미래를 현재에 호출하는 방법을 찾습니다. 과거는 지나가 버린 것이기에, 미래는 오지 않은 것이기에 우리가 현재 시간 속에서 그 과거와 미래를 누리기를 원합니다. 교회력 (Church Calendar)이 바로 고대교회가 현재 속에서 과거와 미래를 누리도록 만든 것입니다. 1년 단위로 온 우주를 초월하여 계신 하나님께서 이 땅에서 친히 행하신 구속역사를 현재에서 누리고 묵상하도록 만든 것입니다. 교회력은 큰 덩어리인 1년만이 아니라 매일, 주일을 중심한 한 주간을 공동으로 누리도록 만들었습니다. 한 민족을 형성하는 명절과 기념일이 있고, 농경사회에서 절기를 통해 계절의 변화와 농사의 흐름을 알 수 있었듯이 우리는 교회력(절기)을 통해 구속사의 진행, 구원의 흐름을 알 수 있습니다. 교회력은 하나님께서 그리스도를 통하여 행하신 구속 사역을 1년 단위로 반복해서 축하하면서 하나님 백성을 형성하도록 만든 것입니다.

교회력을 통해 우리는 과거와 미래를 현재로 불러내어서 함께 누릴 수 있습니다. 교회력은 과거의 사건을 상기하고, 미래의 영광을 맛봅니다. 교회력은 과거에 성부께서 아드님이신 그리스도를 통하여 행하신 구속 사역을 현재로 불러내어 그 은혜와 유익을 누리게 하는 방편입니다. 그리고 그리스도께서 성령을 통하여 마지막 구원의 날에 신자들이 누릴 최종적인 구속의 은혜를 미리 맛보고 누리기 위해 고안되었습니다. 교회는 이 세상의 시간 속에서 하늘의 시간을 누립니다. 세속의 시간 속에서 하나님의 시간, 구속의 시간을 누립니다. 신자는 이중적인 신분, 이중적인 시간관념을 가지고 있습니다. 이 세상에서 양력과 음력이 있듯이 신자는 세속적인 시간과 거룩한 시간을 함께 살아가고 있습니다.

개혁자들의 후예들 가운데 교회력을 아예 배척해야 한다고 말하는 이들이 있습니다. '오직 성경'을 강조하는 우리 개신교회는 교회력을 지킬 필요가 없다는 것입니다. 교회력은 오직 성경이 아니라 '오직 전통'이라는 것입니다. 중세교회가 만든 교회력을 신줏단지처럼 모시고 지킬 필요가 없다는 것입니다. 우리는 오해하지 말아야 합니다. 교회력은 중세교회가 아니라 고대교회가 만들었습니다. 고대교회가 교회력을 만들었다고 하더라도, 그것이 성경적인 것이 아니라 인위적인 것이라고 치부해서는 곤란합니다. 하나님께서는 교회의 역사를 통해 자연스럽게 직분이며, 교회가 그리스도께서 행하신 구속 사역을 축하하는 절기를 만들도록 하셨기 때문입니다. 교회력은 구약시대의 절기처럼 하나님께서 그리스도를 통해 행하신 구원의 역사를 해마다 기억하고 축하하기 위한 것입니다.

개신교회, 특히 장로교회는 교회력을 크게 주목하지 않습니다. 부활절과 성탄절을 지키는 정도입니다. 그것도 주일 딱 한 번, 예배 한번 하는 것으로 그칩니다. 성탄과 부활이 그냥 하늘에서 뚝 떨어진 것처럼, 무시간적으로 이루어진 것처럼 생각하고 지나갑니다. 우리가 주일을 중심한 신앙생활을 하는 것이 당연하지만 그리스도께서 이루신 구속 사역을 연중으로 기념하고 축하하는 것이 필요합니다. 그리스도께서 행하신 구속 사역을 연중으로 반복적으로 기념하는 것은 우리의 구원을 분명하게 확인할 뿐만 아니라 하나님의 형상이신 그리스도를 닮아갈 수 있는 길이 될 것입니다. 하루, 한 주간, 한 달, 한 해라는 시간의 단위를 통해 우리 삶에 그리스도를 뚜렷하게 새겨야 하겠습니다. 중세교회가 오염시켰지만 고대교회가 그리스도를 누리도록 만든 교회력을 감사함으로 받아서 누리면 좋겠습니다. 교회력이라는 귀한 선물을 무시하는 것은 우리가 최초의 교회라는 듯이 행동하는 것이요, 우리 교회를 빈곤하게 만드는 것입니다.

매일 기도, 어떻게 할 것인가?

교회력은 1년을 단위로 하여 그리스도께서 행하신 구속사역을 기념하는 것입니다. 그런데 매일 매일이 중요합니다. 고대교회는 하루 전체를 기도하는 날로 삼아야 한다고 생각했습니다. 성경에서 "쉬지 말고 기도하라"(살전 5:17)고 말씀하셨기 때문입니다. 우리가 하루 종일 기도할 수 있을까요? 이 명령을 문자적으로 지키기 위해서 중세 로마교회는 '화살기도'라는 것도 만들었습니다. 숨 쉬는 것을 기도에 활용했습니다. 예를 들어, 숨을 들이마시면서 '주 예수 그리스도시여'라고 주님을 받아들이고, 숨을 내쉬면서 '저를 긍휼히 여겨 주옵소서'라고 기도했습니다. 어떤 식이 되었든지 신자는 매일 기도하는 삶을 살아야 한다는 사실에는 변함이 없습니다.

고대로부터 기도시간을 정해놓고 기도하는 것이 관례였

습니다. 시편 1편에 보면 '복 있는 사람은 여호와의 율법을 즐거워하여 주야로 묵상한다'고 노래하고 있습니다. 이것은 특정한 시간을 정해놓고 하는 묵상을 가리키기도 하고 하나님의 백성들의 삶 자체가 말씀을 묵상하는 삶이라는 것을 보여줍니다. 여기에서 자연스럽게 기도하는 시간, 말씀을 묵상하는 시간이 나올 수밖에 없습니다. 유대인들은 각 가정에서 아침저녁으로 하나님의 말씀(소위 쉐마라고 하는 신명기 6장 말씀)을 읊어야 했습니다. 이 아침저녁 시간은 성전에서 아침저녁으로 번제를 드리는 시간이었습니다. 예루살렘 성전이 파괴되고 난 다음에는 유대인들이 어떻게 기도했을까요? 우리가 잘 알고 있듯이 다니엘은 하루에 세 번씩 시간을 정해놓고 예루살렘을 향하여 난 창을 열어놓고 기도했습니다. 이것처럼 이슬람에서도 하루 다섯 번씩 시간을 정해놓고 기도합니다.

신약시대에 와서도 유대인들은 하루 세 번 기도하는 관습을 그대로 유지했습니다. 예수님이 어떻게 기도하셨는지 정확하게 알기 힘들지만 예수님은 아침 일찍 한적한 곳으로 가셔서 기도하는 습관을 가지셨다고 성경이 말씀하고 있습니다(막 1:35; 6:46; 눅 9:18; 22:39). 예수님의 모든 활동은 기도로부터 흘러나왔습니다. 예수님의 기도는 하나님과의 교제였고, 하나님의 말씀을 듣는 것이었습니다. 기도가 은혜의 방편이 될 수 있는 이유가 여기에 있습니다. 예수님이 죽은 자 가운데서 부활 승천하신 후 오순절에 성령께서 강림하시자 교회는 기도하는 교회가 됩니다. 성전이 기도하는 집이었듯이 신약교회는 기도에 전념합니다. 사도들이 자신들이 해야 할 일도 기도와 말씀에 전념하는 것이라고 생각할 정도였습니다(행 6:4).

고대교회는 하루 세 번 기도하는 것을 당연시했고, 유대교의 기도문 대신 주님이 가르쳐 주신 기도를 사용하기 시작했습니다. 중세로 접어들면서 기도원에서 3시간 단위로 하루 일곱 번씩 기도하는 것이 정착됩니다. 이런 기도시간에 가장 많이 활용된 것이 바로 '시편'입니다. 고대교회는 시편을 그리스도의 시편으로 인식했습니다. 시편은 시편 기자의 개인적인 노래이기 이전에 그리스도께서 고난의 때에 노래하신 시편이라는 것이 교회에 큰 힘이 되었습니다. 일주일 단위로 시편 전체를 노래하고 기도로 바치고 암송하는 관습이 자리 잡기도 했습니다. 고대 교인들은 밭에서 일하면서 시편 전체를 흥얼거릴 수 있었습니다. 종교개혁은 기도를 없앤 것이 아니라 미사를 드릴 때 사제들만 기도하던 것을 신자들이 매일의 삶에서 기도하는 삶을 살도록 도왔습니다. 신자들의 기도를 돕기 위해 기도문을 만드는 일도 했고 말입니다.

우리는 기독교인이 매일 성경을 한 장 정도 읽고, 기도를 10분 정도 하면 좋다고 생각합니다. 너무나 바쁜 현대인들이 이것만 해도 대단한 것이라고 생각합니다. 이것은 하향 평준화입니다. 요즘은 현대인들의 생활패턴이 바뀌었기 때문에 새벽기도회도 없애야 한다는 말을 공공연히 합니다. 그러나 우리는 성경과 교회의 역사를 잘 살펴야 하겠습니다. 로마가톨릭 신자들은 고대의 전통을 이어받아 찬미가, 성경낭독, 기도문을 포함한 기도를 하루 7번씩 하도록 만든 '매일 기도서'를 가지고 기도합니다. 시편 기자의 고백처럼 '말씀을 주야로 묵상하는 것'이야말로 정상적인 신자의 삶이 아니겠습니까? 신자들에게 성경구절과 중요한 독서문, 기도문 등을 아침, 저녁만이 아니라 낮 중요한 시간대 등에 문자로 전송해야 하지 않을까 생각하기도 합니다. 우리는 매 시간 하나님께 우리 자신을 의탁해야 하겠습니다. 이것이 습관이 되어야 하겠습니다.

주일, 어떻게 지킬 것인가?

하루를 어떻게 기도하며 보낼 수 있을까를 살폈으니 이제는 한 주간을 어떻게 보내야 하는지를 살펴봅시다. 한 주간의 중심은 주일입니다. 하나님께서는 육 일 동안 천지만물을 창조하시고 제7일째에 쉬시면서 사람을 포함한 만물을 하나님의 안식에로 초대하셨습니다. 출애굽 이후에는 안식일이 하나님의 구속 사역을 기억하며 기뻐하는 날이 되었습니다. 안식일은 창조와 구속을 함께 기뻐하는 날이었습니다. 유대인들에게 있어서 안식일을 지키는 것은 자신들이 언약백성이라는 것을 확증하는 구체적인 표시였습니다. 몸에 언약백성의 표시가 새겨져 있었고, 날에 언약백성의 표가 새겨졌습니다. 구약시대에 하나님께서는 안식일에 일하지 말라고 하심으로 안식이 하나님의 안식에 동참하는 것임을 나타내셨습니다.

예수님은 이 땅에 계실 때 안식일에 의도적으로 병자를 고치시는 등 일하지 않아야 하는 안식일 계명을 어기셨습니다. 이것은 의도적입니다. 안식일에 가장 안식일답지 않은 상황이 벌어져 있음을 보시고는 안식을 회복하시기 위해 안식일에 일하셨습니다. 이렇게 예수님이 안식일의 주인이라는 것을 보이신 것이 부활로 말미암아 확증되었습니다. 예수님이 안식일 다음 날에 부활하심으로 신약교회는 점차로 안식일 다음 날에 모이기 시작했습니다. 신약교회는 예수님이 부활하신 날에 모이기 시작하므로 새로운 시대가 열렸고, 구약시대에 남아있던 안식에 들어가게 되었다는 것을 고백했습니다. 주일이 한 주간의 중심이 되었습니다. 주일은 성대한 잔칫날이 되었습니다. 그리스도께서 부활하신 날이기 때문입니다. 처음부터 연중의 부활절이 있었던 것이 아니기에 처음에는 매 주일이 부활절이었던 셈입니다.

신약교회는 안식일 대신 그다음 날에 공적으로 모이기 시작했습니다(행 20:7). 안식일 다음 날, 즉 '한 주간의 첫날'이 안식일을 대체하기 시작했습니다. 교회가 공적으로 모이는 날이 한 주간의 마지막 날에서 한 주간의 첫날로 바뀌었습니다. 이날은 로마제국에서 '일요일'이라고 부른 날입니다. 태양의 날이라는 뜻입니다. 그리스도께서 의의 태양이기에 교회는 이날을 '일요일'이라고 부르는 것에 거부감이 없었습니다. 한편, 이날을 '주일'이라고 부르기 시작했습니다. 주님이 부활하신 날이기 때문입니다. 안식일 다음 날이기 때문에 '제8일'이라고 부르기도 했습니다. 구약시대에 할례를 태어난 지 8일 만에 행했는데, 이것을 연상시키듯 제8일이라고 불렀습니다. 고대교회에서는 세례조(洗禮槽)조차도 팔각형으로 만들었습니다. 세례 받은 사람은 그리스도와 함께 부활했기 때문입니다. 주님이 부활하신 날을 몸에 새겨넣는 것이 세례였습니다.

신약교회는 주님이 부활하신 날, 주일에 모여 예배하기 시작했습니다. 신약교회의 예배 모습은 유대교의 회당예배에 의존했습니다. 신약교회 예배가 하늘에서 뚝 떨어진 것이 아니라는 사실입니다. 우리는 신약교회가 '사도들의 가르침을 받아 서로 교제하고 떡을 떼며 오로지 기도하기를 힘썼다'(행 2:42)는 말씀을 통해서 설교와 연보, 성찬과 기도, 찬송이 예배의 중요한 요소였다는 것을 확인할 수 있습니다. 고대교회는 하루에 두 차례 예배했습니다. 새벽같이 모여 예배했고, 오후 늦게 또한 예배했습니다. 고대교회는 예수님의 부활의 신비를 성찬식을 통해 기념했습니다. 고대교회의 예배는 1부 말씀예배와 2부 성찬예배로 구성되었습니다. 세례 받지 못한 사람은 1부 말씀예배에만 참석할 수 있었습니다. 2부 성찬예배가 시작되면 다른 이들은 내보내고 세례 받은 이들만 성찬예배에 참석했습니다. 이렇게 성찬예배가 비밀스럽게 진행되었기에 온갖 억측이 나돌기도 했습니다. 떡과 잔을 나누는 것을 가지고 인육을 먹는다느니, 서로 입맞춤을 하는 것을 가지고 동성애를 한다느니 하는 이상한 소문이 퍼졌습니다.

교회는 수요일과 금요일을 '기도하는 날'로 삼았습니다. 금식도 하면서 말입니다. 유대교가 월요일(모세가 율법을 받아 가지고 시내산에서 내려온 날)과 목요일(모세가 율법을 받기 위해 시내산에 올라간 날)에 금식했기에 교회는 차별성을 위해 예수님과 관련된 날인 수요일(예수님이 가룟 유다에게 배반당하신 날)과 금요일(예수님이 십자가에 매달리신 날)에 모여서 기도하고 금식하기 시작했습니다. 세월이 흘러 토요일이 금식하는 날로 지정되기도 합니다. 종교개혁자 칼뱅(Calvin)은 제네바에서 목회하면서 수요일을 기도하는 날로 삼았습니다. 교인들이 예배당에 모여서 말씀을 듣고 당시의 피폐한 상황을 하나님께 아뢰며 기도했습니다. 우리가 수요기도회를 가지는 것과 같다고 보면 되겠습니다. 우리는 주일을 중심한 신앙생활을 해야 하겠지만 주중에도 그리스도께서 부활하심으로 우리가 누리게 된 생명과 안식을 확인하고 누리는 것이 필요합니다. 주일이 모든 날들에 의미를 부여하고,

우리의 일상의 삶에 참된 의미를 부여하기 때문입니다. 주일로 말미암아 한 주간이 시작되기에 더더욱 주일이 중요합니다. 구약시대와 달리 우리는 이제 주일에 안식하고서, 한 주간 동안 일하면서 그 안식을 확인하고 누립니다. 한 주간 전체가 주일의 영향을 받습니다.

1년, 어떻게 보낼 것인가?

신약교회는 그리스도께서 구속하신 시간을 누리기를 원했습니다. 신약교회는 매일을 어떻게 기도하며 보내어야 할지, 한 주간을 어떻게 보내어야 할지를 고민했습니다. 이에 당연히 한 해를 어떻게 보내어야 할지를 고민하게 됩니다. 물론, 그 사이에 한 달이 있습니다. 구약시대에는 '월삭'이라는 것이 있었습니다. 안식일처럼 매월 첫날은 특별한 날로 간주해 매일 드리는 번제만이 아니라 특별한 번제를 드렸습니다(민 28:11-15). 7월 첫째 날은 월삭 중에서도 제일 중요한 월삭이었습니다. 7월에 대속죄일(7/10)이 있었기 때문입니다. 이것을 적용하려는 것인지 지금도 매월 첫날에 월삭기도회, 월삭헌금이라는 것을 하는 교회들이 있습니다. 한 달의 첫날에 함께 모여 기도하자고 하는 것을 폄하할 이유는 없습니다.

이제 한 해를 어떻게 지내야 할지를 생각해 보아야 하겠는데, 이게 바로 연중 교회력으로 정착되었습니다. 2세기에 먼저 '부활절기'가 생겼습니다. 매 주일이 부활절이었는데 교회는 연중의 부활절을 가지기를 원했습니다. 그리스도께서 부활하신 한 날이 있었기 때문입니다. 서방교회와 동방교회는 부활절 날짜에 대해 상이한 생각을 가지고 있었습니다. 서방교회는 부활절이 주일에 와야 한다고 생각했고, 동방교회는 부활절이 유월절의 성취라고 생각했기 때문에 유월절인 니산월 14일을 부활절로 해야 한다고 주장했습니다. 결국, 니케아 공의회(Council of Nicaea)를 통해 '춘분 다음의 만월 후 첫 주일'을 부활절로 정합니다.

양력으로 보면 부활절 날짜가 해마다 바뀌기 때문에 날짜를 고정하는 것이 좋지 않겠냐고 생각할 수 있습니다. 그러나 해마다 올해 부활절은 언제일까를 살피는 것이 흥미로울 뿐만 아니라 부활을 더 생생하게 알고 누릴 수 있습니다. 이후에 부활절은 부활절 당일만이 아니라 준비절기인 사순절(주일을 제외한 부활절 이전의 40일)과 축하절기인 부활절, 그리고 성령 강림절(부활절 후 50일 째)을 가지게 됩니다.

4세기에 '성탄절기'가 생겼습니다. 부활은 그리스도께서 수행하신 일의 절정이지만, 하나님께서 아드님을 이 땅에 보내신 것이 구속 사역의 시작이기 때문입니다. 사도신경에서도 성자 하나님에 대해 '그는 성령으로 잉태되어 동정녀 마리에게서 나셨다'라고 고백하는 것으로부터 시작하기 때문입니다. 성탄절 날짜는 우리가 알듯이 예수님이 실제로 태어나신 날은 아닙니다. 성탄절을 12월 25일로 정한 이유는 1년 중 태양이 비추는 시간이 제일 짧아졌다가 길어지기 시작하는 이날에 로마제국이 '무적의 태양'을 축하했기에, 이날을 세례 주어서 지키기 시작했습니다. 예수님이야말로 의의 태양이시기 때문입니다. 이단들이 성탄절을 지키는 것은 이방풍습에 불과하다고 주장하는 것이야말로 얼마나 피상적인 생각인지 알 수 있습니다.

서방교회는 성탄절을 축하하기 시작했는데, 동방교회는 오래전부터 신년이 시작되면서 성탄만이 아니라 동방박사들이 예수님을 경배한 것, 예수님이 요한에게 세례 받으신 것, 예수님이 가나에서 첫 번째로 이적을 베푸신 것을 축하하는 '주현절'(主顯節Epiphany, 주님께서 나타나셨다는 의미)을 지켰습니다. 이것이 서방교회에 소개되면서 성탄절과 주현절은 자연스럽게 결합하게 됩니다. 여기에다가 부활절기처럼 준비하는 절기인 대림절(4주간의 주일)을 덧붙였습니다.

부활절기가 먼저 생겼고 그다음에 성탄절기가 생겼지만 한 해의 교회력은 성탄절기로부터 시작됩니다. 대림절로부터 한 해의 교회력이 시작됩니다. 우리 달력으로는 연말인 11월말과 12월초에 한 해의 교회력이 시작되는 것이 의미가 있습니다. 망년회 행사가 넘쳐나는 연말에 그리스도의 오심을 기다리는 것이 얼마나 소망스러운 것입니까? 봄이 오는 계절에 만물의 소생이 그리스도의 고난과 부활과 성령의 오심을 기뻐하는 것이 얼마나 유익합니까? 무언가를 반복하여 습관이 되는 것이 신앙인격 형성에 얼마나 중요한지 모릅니다. 연중 교회력의 중요성이 바로 이와 같습니다.

우리는 교회력을 통해 하나님의 아드님이 인간의 몸을 입고 이 땅에 오셔서 이루신 구속 사역을 해마다 기념하고 축하할 수 있습니다. 교회력을 통해 우리의 구원이 어디로부터 기인하는지를 해마다 확인하면서 그것을 교회생활과 일상에 지속적으로 적용할 수 있습니다. 이제 교회는 지상의 시간 속에서 천상의 거룩한 시간을 누릴 수 있습니다. 그리스도의 구속 사역을 중심한 교회력을 기념하면서 신자는 지상에서 천상에 계신 그리스도를 누리고, 그리스도와 함께하는 복을 누릴 수 있습니다.

구약절기, 지금도 유효한가?

교회절기는 신약시대에 시작된 것이 아니라 구약시대 때 시작되었습니다. 하나님께서는 이스라엘 백성들에게 하나님의 구속 사역을 기억하고 축하하는 절기를 허락하셨습니다. 안식일이 중심이었습니다. 타락 이후 하나님께서 구속의 사역을 시작하시기 이전부터 안식일을 주셨기 때문입니다. 출애굽 이후 안식일은 창조만이 아니라 하나님의 구속 사역을 축하하는 절기가 되었습니다. 하나님께서는 출애굽한 이스라엘 자손들에게 각종 규례와 절기를 허락하셨습니다. 안식일의 확장이 월삭, 안식년, 희년이었습니다. 월삭은 한 달의 첫날이고, 안식년은 매 7년째이고, 희년은 50년째입니다. 모든 절기는 하나님의 창조를 즐거워하고, 하나님이 베풀어주신 구속을 즐거워하기 위한 목적이었습니다. 다른 모든 민족들도 각종 절기를 가지고 있었지만 이스라엘은 구체적인 역사 속에서 일하신 하나님의 구속을 즐거워하는 절기를 가졌습니다.

이스라엘 자손들에게 한 해의 가장 중요한 절기가 몇 가지 있었습니다. 이 절기 때는 이스라엘의 모든 남자들이 가족을 대표하여 성전으로 올라가서 명절을 지켜야 했습니다. 이스라엘 전체가 하나님 앞에서 기뻐하고 즐거워하는 것을 나타내 보이라는 것입니다. 유월절, 오순절, 장막절이 그것들입니다(출 23:14-17). 이 세 절기는 공통점을 가지고 있습니다. 하나님께서 허락하신 가나안 땅에서의 삶과 관련이 있습니다. 하나님께서는 구속하신 자기 백성의 구체적인 삶을 지지하신다는 것을 보여주셨습니다. 하나님께서 구속해 주시고 그다음에는 알아서 하라는 것이 아니라 그들이 발 붙이고 사는 삶에 관심을 가지십니다. 하늘에 계시는 분이 '땅의 것들'에 관심을 가지십니다. 하나님은 우리의 육체를 아시기 때문입니다.

이 세 절기들은 땅이 내는 열매를 기뻐하는 절기였습니다. 팔레스틴에서의 삶이 그만큼 팍팍하다는 것을 보여주기도 합니다. 팔레스틴은 젖과 꿀이 흐르는 땅이라고 하는데, 무슨 말일까요? 이스라엘이 종살이했던 애굽은 나일강의 주기적인 범람으로 인해 땅에 토사가 쌓여서 기름졌지만 팔레스틴은 이런 것이 없었습니다. 팔레스틴 북쪽에 만년

설인 헤르몬산이 있어서 봄에 그것이 녹아 흘러내렸지만 요단강은 협곡이 깊어서 큰 유익을 주지 못했습니다. 팔레스틴은 하늘에서 내리는 비가 무엇보다 중요했습니다. 비가 내리지 않고서는 팔레스틴의 농사가 불가능했습니다. 그래서 성경에서는 이른 비와 늦은 비라는 표현이 종종 등장합니다. 팔레스틴에서 비와 폭풍우의 신인 바알과 아세라 신 숭배가 강한 이유가 바로 여기에 있었습니다.

선지자들은 바알과 아세라가 아니라 하나님이 먹을 것을 주신다고 선포했습니다. 하나님께서는 '내가 땅이 열매를 내어주게 하겠으니 너희는 그것을 먹고 마시며 기뻐하라'고 하셨습니다. 겨울이 지나고 땅이 첫 열매를 냅니다. 그것이 바로 보리이삭입니다. 유월절에 이 '초실절'이 있었습니다. 오순절은 초실절로부터 50일 후의 날인데 여름추수인 밀 추수를 기뻐하는 절기였습니다. '맥추절'이라고도 부릅니다. 마지막 절기인 장막절은 포도를 포함한 가을추수를 기뻐하는 절기였습니다. '수장절'이라고 부릅니다. 거두어서 저장하는 절기라는 뜻입니다. 이제 넉넉한 마음으로 겨울을 보낼 수 있습니다. 하나님은 먹을 것을 주시는 하나님이십니다.

지금도 우리가 이 세 절기를 지켜야 할까요? 유월절 어린양을 잡는 흉내를 내는 교회가 있고, 한국 교회는 농경문화 속에 있었기에 지금도 여전히 맥추감사주일을 지키고 있습니다. 하나님의 교회라는 이단은 초막절을 지켜야 한다고 주장하기도 합니다. 초막절을 지키지 않으면 저주를 받을 것이라고 하신 말씀이 있기 때문입니다(슥 14:18). 우리는 이 모든 절기가 그리스도로 말미암아 성취되었다고 봅니다. 그리스도는 유월절 어린양이 되셨습니다. '부활절'이 유월절의 성취입니다. 그리스도께서 부활하심으로 죄와 마귀의 권세로부터 우리를 출애굽시켜 주셨기 때문입니다. 그리스도께서 부활승천하신 후 성령님을 보내어 주심으로 오순절이 성취되었습니다. '성령 강림절'이 맥추절의 성취입니다. 수장절은 현재의 열매만이 아니라 마지막 추수를 기다리는 절기이기에 그리스도께서 다시 오실 때에 최종적으로 성취될 것입니다.

　　우리는 그리스도 안에서 매일 추수하게 하시는 은혜를 누리고 있습니다. 신자는 매일이 감사의 날입니다. 신약교회는 구약절기들이 그리스도로 인해 성취되었고, 더 풍성하게 성취되고 있다는 것을 고백하면서 한 해의 교회력을

34
기독교 사용 설명서 9 교회력

만들었습니다. 당연한 일입니다. 구약의 절기는 그리스도께서 오시기를 기대했고, 그리스도께서 오셔서 그 모든 절기를 성취하셨기 때문입니다. 신약시대는 그리스도로 인해 더 풍성해졌습니다. 물질적인 복만이 아니라 하늘에 속한 모든 신령한 복을 내려주시기 때문입니다.

Q. 고대교회가 왜 교회력을 만들었는지 말해 보고, 그 교회력이 우리의 교회생활과 신앙생활에 어떤 의미를 주는지 말해 봅시다.

Q. 매일 기도하기 위한 노력이 어떻게 표현되었으며, 주일을 중심한 한 주간의 삶을 어떻게 구성하는 것이 좋을지 말해 봅시다.

Q. 교회력에 의해 1년이 어떻게 구성되는지 말해 보고, 1년이 그리스도를 중심으로 어떻게 흘러가는지 말해 봅시다.

Q. 구약의 중요한 절기를 말해 보고, 그 구약절기가 신약시대에 어떻게 성취되는지를 말해 봅시다.

제2장
부활주기

사순절, 지켜도 되나?

교회력으로 먼저 자리 잡은 것이 부활절기입니다. 교회는 그리스도의 부활로 말미암아 세워졌기 때문입니다. 매 주일을 부활절로 생각하던 교회가 연중의 부활절을 만들었습니다. 처음에는 부활절 단 하루를 축하했는데, 이후에는 이 절기가 조금씩 확장되어 갑니다. 준비절기와 축하절기로 확장됩니다. 부활절기의 준비절기는 사순절이고, 축하절기는 부활절과 성령 강림절입니다. 절기가 확장된 것이 절기의 부패로 보아야 할까요, 아니면 긍정적인 확장이라고 보아야 할까요? 고대교회는 그리스도의 구속 사역을 더 많은 주일과 날들로 확장해서 풍성하게 누리기를 원했다는 것을 우선적으로 생각해야 하겠습니다.

한 해의 교회력은 성탄절기(구체적으로는 대림절)로부터 시작하지만 봄철에 있는 부활절기부터 살펴보겠습니다. 우선 준비절기인 사순절(四旬節)입니다. 사순절은 말 그대로 40일을 의미합니다. 부활절 이전의 40일을 통해 그리스도의 고난을 기념하는 절기입니다. 그런데 이 사순절의 기원이 이교적이라고 말하는 이들이 있습니다. 바벨론 기원을 말하는 이들이 있습니다. 니므롯의 아들 담무스가 40세에 멧돼지에게 받혀 죽었는데 그를 위해 40일 동안 애곡했습니다. 이렇게 애곡하는 기간을 가지면 죽은 담무스가 살아 돌아오는데, 이것이 곧 봄을 가져온다는 것입니다.

사순절이 언제 시작되었을까요? 고대 3대 신경 중에 하나인 니케아 신경(Nicene Creed)이 공포된 325년의 니케아 공의회에서 사순절에 대해 언급하고 있습니다. 사순절은 로마가톨릭이 만든 것이 아니라 고대교회 때부터 시작되었다는 것을 알 수 있습니다. 처음에는 최소한 이틀을 단식하던 것이 40일까지 확장된 것은 모세가 시내산에 올라가서 40일 동안 금식하며 머무른 것과 그리스도께서 광야에서 40일 동안 금식하신 것에 주목했기 때문입니다. 성경의 이런 40일을 문자 그대로 지키려고 하는 것이야말로 미신에 불과한 것이 아닐까요? 그렇지 않습니다. 고대교회는 40일 자체를 미신적으로 섬긴 것이 아니라 1년 내도록 그리스도의 고난을 묵상해야 하지만 40일로 줄여서 집중적으로 그리스도의 고난을 묵상해 보자는 목회적인 배려를 했습니다.

고대교회는 온 교회가 이 사순절을 통해 유익을 얻기를 원했습니다. 우선, '세례 준비자들'은 이 사순절 기간 동안을 집중적으로 말씀을 배우는 기간으로 삼았습니다. 목사는 사순절 기간 동안 세례 준비자들에게 성경 전체며 신비라고 불리던 신앙고백을 가르치는 기간으로 삼았습니다. 세례 준비자들은 사순절 동안 잘 준비하여 부활절이 동터오는 새벽에 세례를 받았습니다. '고해자들'에게도 사순절은 중요했습니다. 고대교회에서는 큰 죄를 지었을 경우에 공적으로 자신의 죄를 고백하고 고해기간을 가졌습니다. 사순절을 형벌 받는 기간으로 삼았고 부활절에 사죄선언을 받았습니다. '일반 교인들'에게도 사순절은 자신을 돌아보며 살피는 기간이었습니다. 이렇게 사순절의 핵심은 금식 자체에 있었던 것이 아니라 금식을 통해 자신의 죄를 철저하게 회개하고 돌이키는 것에 있었습니다. 우리는 사순절의 교육적 기능을 무시해서는 안 될 것입니다. 문제는 중세 로마교회의 행태였습니다. 중세로마교회는 이 사순절을 극단적인 금욕의 기간으로 삼았습니다. 사순절은 공로를 쌓을 수 있는 중요한 절기로 바뀌었습니다. 로마교회는 교인들에게 40일간 금식하면서 자신의 몸을 극단적으로 괴롭힘으로 공로를 쌓으라고 부추겼습니다. 종교개혁을 촉발시킨 계기 중에 하나가 바로 이 사순절이었습니다. 대표적인 예를 들자면, 스위스 취리히에서 사순절에 어떤 사람들이 소시지를 먹은 것으로 인해 난리가 났을 때에 개혁자 츠빙글리(Zwingli)가 소시지를 먹는 것이 뭐가 문제가 되냐고 하면서 종교개혁을 일으켰습니다. 그가 사순절에 소시지를 먹어도 된다고 하면서 신자의 자유를 부르짖은 것이 개혁의 도화선이 되었습니다.

　로마교회의 사순절 사고방식이 우리에게도 있을 수 있습니다. 우리의 부패한 본성은 늘 공로를 주장하기 때문입니다. 우리는 우리 몸을 괴롭히는 것을 통해 성화되거나, 구원을 이룬다는 생각을 버려야 할 것입니다. 그리스도의 고난으로 충분하기 때문입니다. 우리는 오직 그리스도의 고난이 우리의 구원이 되었다는 것을 명심해야 합니다. 우리의 고난은 그리스도의 고난을 도울 수 없습니다. 그럼에도 사도 바울이 고백했듯이 '그리스도의 남은 고난'(골 1:24)이 있고, 이 고난을 우리 몸에 채워야 합니다. 1년의 1/10 정도의 날들을 통해 그리스도의 고난과 우리가 당해야 할 고난을 깊이 묵상하는 기회로 삼으려는 것을 매도할 필요가 없습니다. 사순절을 통해 우리는 육체성 그리고 육체성과 고난의 관계를 더 깊이 이해하는 자리로 초대받고 있다고 하겠습니다.

고난주간, 특별한 주간인가?

사순절은 소위 말하는 '재의 수요일'로부터 시작합니다. 주일은 금식할 수 없기에 40일의 시작일은 수요일이고, 그날을 '재의 수요일'이라고 부릅니다. 우리는 성경에서 재를 뒤집어쓴다는 표현을 종종 볼 수 있습니다(사 61:3; 렘 6:26). 유대인 모르드개는 자기로 인하여 유대인 전체가 죽게 된 것을 슬퍼하면서 재를 머리에 뒤집어썼습니다(에 4:1). 예수님도 친히 말씀하셨습니다. 능력을 베푸신 고라신과 벳새다가 회개하지 않았을 때에 두로와 시돈에 그런 기적을 베푸셨다면 '벌써 굵은 베옷을 입고 재를 뒤집어쓰고 회개'했을 것이라고 말입니다(마 11:21). 재를 뒤집어쓰는 것은 하나의 퍼포먼스라고 볼 수도 있겠는데, 자신이 티끌에서부터 왔으니 티끌로 돌아간다는 것을 시위하는 것입니다. 자신은 아무것도 아닌 존재라는 의미입니다.

영국 성공회에서는 이 재의 수요일에 교구민들을 모아놓고 신명기 27장에 기록되어 있는 여러 가지 죄악들을 언급하면서 저주를 선언합니다. 거기에 보면 "그의 이웃의 경계표를 옮기는 자는 저주를 받을 것이라 할 것이요 모든 백성은 아멘 할지니라"(17절)는 말씀도 있습니다. 이 죄악은 사회적인 죄라는 것에 큰 의미가 있습니다. 쉽게 말하자면 부동산 투기가 죄라는 것을 가리키고 있습니다. 회개는 내면적인 것에 불과한 것이 아니라 사회에서 저지른 모든 종류의 악에 대해 회개해야 한다는 것을 보여줍니다. 우리가 주중에 모이기도 힘들거니와 재의 수요일 행사를 가질 필요가 없더라도 신명기 27장을 묵상하는 것이 좋겠습니다. 경쟁을 부추기는 자본주의 사회에서는 우리의 죄악이 더 심대할 것이기에 우리는 지속적으로 회개해야 합니다. 하나님과 재물을 겸하여 섬길 수 없기 때문입니다.

사순절의 마지막 주일을 '종려주일'이라고 부르곤 합니다. 예수님이 나귀를 타고 예루살렘에 입성하실 때에 무리들이 종려나무 가지를 들고 흔들던 것을 기념하기 위한 것입니다. 예수님은 자신의 도성 예루살렘에 입성하시지만 정복자처럼 군마를 타고 입성하지 않으십니다. 나귀를 타고 입성하시는데 광대(?)와 다를 바가 없습니다. 그런데 예수님을 열광적으로 환영하던 무리들이 있었습니다. 이들은 예루살렘의 유대인들이 아니라 갈릴리에서부터 명절을 지키기 위해서 온 무리들일지 모릅니다. 그들은 자신들의 겉옷을 펴놓고 종려나무 가지를 들고는 예수님을 환영했습니다. '호산나'(주여, 구원하소서)라고 외치면서 말입니다. 예수님은 온유하셔서 나귀를 타고 예루살렘에 들어가십니다. 왕으로 군림하기 위해서가 아니라 죽기 위해 가십니다.

이제 '고난주간'이 시작됩니다. 고대교회로부터 한 주간 중에서도 목요일, 금요일, 토요일의 삼 일을 중요하게 생각했습니다. 이 삼 일을 '성삼일'이라고 불렀습니다. 목요일에 예수님은 제자들의 발을 씻기며 '서로 사랑하라'는 새 계명을 주시면서 그들과 최후의 만찬을 행하셨기에 '세족목요일'(Maundy Thursday)이라고 부릅니다. 금요일은 예수님이 대제사장, 그리고 총독 빌라도에게 넘겨져서 십자가에 못박히신 날이기에 '복된 금요일'(Good Friday)이라고 부릅니다. 예수님의 죽으심이 우리에게는 너무나 좋은 일이기 때문입니다. 토요일은 예수님이 무덤 속에 계시던 날인데 '조용한 토요일'(Still Saturday)이라고 부릅니다. 예수님은 저주의 죽음을 죽으셨고 하나님은 그 어떤 도움도 베풀지 않으셨으며 조용함과 절망만이 가득한 날입니다. 신자는 이날에 부활을 잠잠히 기다립니다. 우리는 아무 일도 일어나지 않는 이 토요일을 잘 인내해야 합니다.

고난주간을 어떻게 보내는 것이 좋을까요? 한 주간 동안 예수님은 매일 성전으로 들어가셔서 유대 종교지도자들과 논쟁하시고, 저녁에는 나사로의 가족이 있는 베다니로 물러나십니다. 고난주간 동안 그날에 해당하는 예수님의 행적을 살펴본다면 주님의 길을 생생하게 느낄 수 있을 것입니다. 한국 교회에서는 '고난주간 특별새벽기도회'를 가집니다. 한 주간 동안 하루 한 끼씩 금식하기도 합니다. 어떤 선교단체에서는 '문화금식'을 제안하기도 합니다. 고난주간 만큼은 휴대폰이나 게임 등을 금식해 보자는 제안입니다. 고난주간 동안 금식하고 자신을 제어함으로 우리의 영성이 깊어지는 것이 아닙니다. 우리는 고난주간을 활용하여 그리스도의 고난을 더 깊이 묵상하는 기간으로 삼고자 할 따름입니다. 고난주간은 특별하고 신비한 주간이 아니라 그리스도의 고난이 우리의 구원이 되었다는 것을 더 절절이 깨달을 수 있는 복된 주간입니다.

부활절, 어떻게 축하할 것인가?

부활절은 절기 중의 절기입니다. 고대교회는 매 주일을 주님이 부활하신 부활절이라고 생각했지만 연중의 부활절을 정했습니다. 연중의 부활절은 가장 크게 축하할 날이 되었습니다. 유대 기독교인들이 신약교회 회원이 되면서 부활절은 파스카(Pascha)라는 이름을 가지게 됩니다. 이 파스카는 유대인의 유월절을 가리키는 말인데, 유월(踰越) 즉, '넘어간다'는 뜻을 가진 말입니다. 죽음의 천사가 애굽을 방문했을 때 유월절 어린양의 피가 발린 유대인들의 집은 넘어갔습니다. 이렇게 넘어갔다는 말에서 유월절이 나왔고, 예수님이 바로 그 유월절 기간에 십자가에 달려 돌아가시고 부활하셨습니다. 이런 연유로 부활절은 파스카라는 이름을 가지게 되었습니다.

고대교회는 예수님의 십자가 죽으심과 부활이 유월절을 성취하는 사건으로 이해했습니다. 유월절은 애굽에서의 탈출만이 아니라 죄와 마귀의 모든 권세로부터 해방된 것을 기념하는 절기였기 때문입니다. 예수님이 죽으시고 다시 살아나신 것은 유월절 어린양의 죽음, 그리고 출애굽을 성취하는 사건이었습니다(고전 5:7). 유월절 어린양의 죽음은 하나님께서 아브라함에게 이삭을 바치라고 하신 사건에서 이미 보이신 것입니다. 이삭의 죽음이 아니라 하나님께서 친히 준비하신 양의 죽음을 보이셨습니다. 하나님께서 그 어린양을 다시 살리셨습니다. 도살당한 어린양이 이제는 자기 백성을 인도하는 목자가 되셨습니다.

고대교회는 부활절 날짜에 대해 논쟁했습니다. 크게 두 주장이 있었습니다. 동방교회는 부활절이 유월절의 성취이기 때문에 유월절 어린양을 잡는 니산월 14일을 부활절로 지켜야 한다고 주장했습니다. 소위 말하는 '14일주의'입니다. 이 주장에 의하면 부활절이 주중에 옵니다. 반면 서방교회는 부활절이 주일이어야 한다고 주장했습니다. 예수님이 안식일 다음 날 주일에 부활하신 것도 그렇고 부활절이 주일 외에 다른 날이 될 수 없다고 주장했습니다. 이에 325년의 니케아 공의회에서 유월절 날짜를 확정했습니다. 부활절은 주일이 되어야 한다고 정했는데, 춘분이 지난 만월 후에 오는 첫 번째 주일을 부활절로 정했습니다. 부활절이 양력으로는 해마다 바뀌기 때문에 혼란스러울 수 있습니다. 그런데 부활이야말로 인간이 통제 불가능한 것임을 더 분명하게 보여주고 있는 것이 아닐까요?

고대교회의 부활절은 부활 자체만이 아니라 그리스도의 고난과 부활, 그리고 부활 이후의 날들까지 포함한 절기였습니다. 부활절의 절정은 부활 당일이라기보다는 부활 전야입니다. 부활 전야제는 세례를 위한 행사였습니다. 세례 준비자들은 사순절 동안 최종적인 준비과정을 거쳐서 부활절에 세례를 받았습니다. 3년 가까이나 세례 받기 위해 준비해 온 이들이 그 밤 자정에 세례를 받았습니다. 흐르는 물이 있는 곳에서 마귀의 모든 권세를 대적하고, 모든 악한 풍습을 끊겠다고 고백하면서 삼위 하나님의 이름으로 세례를 받았습니다. 흐르는 물이 있는 곳에 완전히 잠겨서 세례를 받은 것은 그리스도께서 생수이시기 때문입니다. 세례 받고 나오면 흰옷을 입히고 기름을 발라주고 사제가 기도합니다. 이제 세례 받은 이는 부활이 밝아오는 아침에 다른 성도들과 함께 성찬에 참여할 수 있습니다. 이렇게 부활절은 세례 받기에 합당한 절기였습니다.

부활절을 어떻게 축하하는 게 좋을까요? 부활절에 계란을 나누어 먹는 풍습이 있습니다. 미국의 백악관에서도 정원에 부활절 계란을 숨겨두고 찾는 행사를 합니다. 계란이 부활을 보여줄까요? 암탉이 계란을 낳고, 그 알에서 닭이 부화하는 것이 부활을 보여준다고 말하는 것은 억측입니다. 계란은 풍요와 다산을 상징하는 이교풍습에서 왔다는 것이 더 정확한 해설일 것입니다. 부활절에 꼭 계란을 먹어야 하는 것이 아닙니다. 마찬가지로 부활절 토끼도 다산을 상징하는 이교풍습에서 왔을 것입니다. 이 세상의 그 어떤 유비(類比)로도 그리스도의 부활을 보여주지 못합니다. 그리스도의 부활은 하나님께서 성령님을 통하여 이루신 능력이기 때문입니다. 이 세상은 부활을 결코 흉내 낼 수 없습니다. 부활은 오직 하나님만이 이루시는 구원의 능력입니다.

고대교회로부터 부활절은 '주일 중의 주일', '가장 큰 주일'이라고 불리면서 모든 절기의 여왕으로 자리 잡았습니다. 교회는 매 주일만이 아니라 연중의 부활절을 통해 그리스도의 부활과 우리의 부활을 크게 축하해야 하겠습니다.

연중의 부활절이 있고, 그 부활절 날짜가 해마다 바뀌는 것이야말로 우리에게 놀라운 활력을 가져다줍니다. 부활절에 우리는 장래의 부활만이 아니라 지금 우리가 그리스도와 함께 이미 부활을 누리고 있음을 기뻐해야 하겠습니다. 부활을 축하하고 기뻐하는 것이 우리가 당하는 고난을 회피하기 쉽습니다. 그렇지 않습니다. 신자가 기꺼이 고난받는 것이야말로 부활한 자임을 증거합니다. 부활한 교회와 신자는 죽음이 기승을 부리는 이 세상 가운데서 고난을 받으면서도 소망 가운데 살아갈 수 있습니다.

승천일, 왜 떠나가셨나?

부활절기의 준비절기는 사순절이고, 축하절기는 부활절과 성령 강림절입니다. 부활절은 하루가 아니라 오순절, 즉 성령 강림절까지 이어지는 50일을 기뻐하는 절기입니다. 그리스도의 고난을 묵상하는 사순절보다 10일이 더 긴 50일 동안 그리스도의 부활을 기뻐합니다. 고난보다 부활을 더 길게 묵상하고 기뻐하는 것이 당연하지 않겠습니까? 그런데 우리는 부활절을 단 하루 지키고 바로 50일 뒤인 성령 강림절로 넘어가 버립니다. 부활과 성령 강림 사이에 있는 중요한 한 날도 그냥 넘어가 버립니다. 부활절과 성령 강림절을 이어주는 한 날이 바로 승천일입니다. 우리가 잘 알고 있듯이 그리스도께서는 부활하신 후 40일 동안 이 땅에 계셨습니다. 예수님은 제자들에게 한 번씩 나타나셔서 하나님 나라를 가르치셨습니다. 사라지신 동안에는 어디서 무엇을 하셨는지 알 길이 없습니다. 부활하신 주님은 이미 하늘에 오르고 계셨다고 보아야 할 것입니다(요 20:17).

예수님은 부활 후 40일째에 하늘에 올라가셨습니다(행 1:3). 그날이 바로 승천일입니다. 이 승천일은 성령 강림절 10일 전이기에 주중에 있습니다. 유럽에서는 기독교 문화가 자리 잡고 있어서 이 승천일이 공휴일입니다. 세속화된 유럽이기에 승천일을 그냥 노는 날로 생각하는 경우가 다반사이지만 신실한 하나님의 백성들은 이날에 모여서 예배합니다. 승천을 기뻐하면서 예배합니다. 왜 승천일이 공휴일이 된 것일까요? 공휴일을 하루라도 더 늘리기 위한 것이 아닙니다. 승천일의 중요성을 알았기 때문입니다. 부활은 그냥 부활이 아니라 하늘로 오르기 시작하는 것이요, 승천이 있기에 성령께서 오실 수 있기 때문입니다. 즉, 승천은 부활과 성령 강림을 이어주고 있습니다.

부활은 예수님의 칭의 사건입니다. 하나님께서 예수님을 의롭다고 공적으로 인정해 주신 사건입니다. 부활은 하나님께서 그리스도께서 하신 모든 일들을 기쁘게 받으셨다는 뜻입니다. 단순한 기적에 불과한 것이 아니라는 뜻입니다. 승천은 더 중요한 의미가 있습니다. 승천은 그리스도의 지상사역이 끝났다는 것을 보여줍니다. 예수님이 십자가상에서 "다 이루었다"(요 19:30)라고 하시면서 운명하셨습니다. 이 '다 이루었다'는 말씀을 하나님께서 인정하고 받으신 사건이 바로 부활과 승천입니다. 하늘이 그리스도를 받았습니다. 그리스도는 오셨던 바로 그곳으로 돌아가셨습니다. 그리스도께서는 왕으로 귀환하셨습니다.

우리는 그리스도께서 승천하실 때의 모습을 주목해야 합니다. 누가복음 마지막 장면이 바로 이 승천장면을 생생하게 묘사하고 있습니다.

"예수께서 그들을 데리고 베다니 앞까지 나가사 손을 들어 그들에게 축복하시더니 축복하실 때에 그들을 떠나 하늘로 올려지시니"(눅 24:50-51)

예수님은 두 손을 들어서 축복하시면서 하늘로 가셨습니다. 예수님은 두 손을 든 채로 하늘로 옮겨지셨습니다. 왜 이런 모습일까요? 승천은 제자들을 버려두고 떠나신 것이 아니라 하늘로부터 계속해서 축복하시기 위해 떠난 것임을 보여줍니다. 예수님은 새로운 방식으로 자기 백성과 함께하기 위해서 떠나셨습니다. 예수님은 부재중에도 임재하십니다.

예배를 인도하는 목사가 예배 마지막 순서에 손을 들고 축복하는 이유가 바로 이것입니다. 목사는 예배 마지막 순서에서 세상을 향해 나아가는 성도들을 향해서 그리스도 처럼 두 손을 들어 축복합니다. 이 순서는 소위 말하는 축도(祝禱), 즉 축복하는 기도가 아니라 강복선언(降福宣言), 즉 복을 선언하는 순서입니다. 목사의 거룩한 복 빌어줌이 아니라 하나님의 거룩한 복 선포입니다. 회중은 목사가 두 손을 들고 축복하는 것을 귀로 들을 뿐만 아니라 두 눈을 떠서 보아야 하겠습니다. 강복선언에서 목사는 그리스도를 대신하고 있습니다. 목사의 들려진 두 손을 보면서 그리스도께서 지금도 하늘보좌에서 두 손을 들고 복을 선포하고 계신다는 것을 연상해야 하겠습니다. 여기에 거룩한 상상력이 필요합니다.

그리스도께서는 이 땅에서의 일을 끝내셨습니다. 이 땅에서의 구원의 사역을 완벽하게 마무리하셨습니다. 이제 우리에게는 하늘성전에서 중보하는 분이 계십니다. 하늘성전에서 우리를 위해 구원을 적용하시는 대제사장이 계십니다(히 8:1). 놀라운 사실은 그리스도께서 인간의 몸을 벗고 떠난 것이 아니라 입으셨던 그 몸을 그대로 가진 채 떠나셨습니다. 우리는 천국이 있다는 것을 알 수 있습니다. 그리스도께서 몸을 가지고 가셨으니 우리는 장소로서의 천국이 있다는 것을 알 수 있습니다. 천국은 불교에서 말하듯이 마음의 상태에 불과한 것이 아닙니다. 그리스도께서는 우리를 꼭 껴안고 그곳에 오르셨습니다. 신자는 그리스도와 함께 하늘에 앉아 있습니다(엡 2:6). 그리스도께서 계신 곳에는 신자도 항상 함께 있습니다.

성령강림절, 왜 절정인가?

부활주기의 최대 축하절기는 성령 강림절입니다. 성령 강림절은 부활주기의 절정이요 열매입니다. 성령 강림절은 모든 교회절기의 절정이라고 말해도 됩니다. 그리스도께서 이미 이루신 구속 사역을 실제로 누리게 하시는 절기이기 때문입니다. '그림의 떡'이라는 말이 있지 않습니까? 구원 사역은 그림의 떡이 아닙니다. 이루어진 일이라고 하더라도 그것을 누리지 못하면, 맛보지 못하면 무슨 소용이 있습니까? 그리스도께서 이루신 구속 사역을 하나 하나 기념하는 것이 교회력인데 그 이루어진 일을 최종적으로 누리게 해주시는 절기가 성령 강림절입니다. 성령 강림이 아니고서는 그리스도께서 이루신 일도 우리에게는 아무런 실효성이 없습니다.

예수님은 부활하신 후 40일째에 승천하셨고, 승천하신 지 10일 후에 성령님을 보내어 주셨습니다. 부활로부터 50일 후가 성령 강림절입니다. 구약절기에 의하면 유월절에 있는 초실절 후 50일째를 오순절이라고 부릅니다. 이 오순절은 하곡(夏穀)인 밀을 추수하는 절기였습니다. 봄에 보리 이삭이 맺히는 것으로부터 시작하여 여름추수인 밀 추수에 이른 것을 기뻐하는 절기였습니다. 이 절기를 맥추절이라고 부르기도 합니다. 밀 추수인데 말입니다. 이 오순절에 성령께서 강림하셨습니다(행 2:1-4). 오순절에 성령께서 강림하신 것은 구약의 오순절이 성령 강림으로 말미암아 성취되었다는 것을 보여줍니다.

유대인들은 오순절에 하나님으로부터 율법을 받았다고 해석했습니다. 이스라엘 백성들은 유월절을 지키면서 출애굽했고, 50일째에 시내산에 도착하여 언약의 돌판을 받았습니다. 최초의 오순절은 하나님으로부터 율법을 받은 것을 기념하는 절기였습니다. 이스라엘 백성들은 세상 양식에다가 하늘 양식을 받았습니다. 오순절은 하나님께서 주신 땅의 열매를 기뻐하고 감사하는 절기일 뿐만 아니라 이스라엘이 헌법을 반포하면서 한 민족, 한 나라로서 출발한 것을 알리는 절기였습니다. 최초의 오순절은 이스라엘 백성이 하나님과 언약을 맺고, 언약의 문서를 받고, 언약의 백성으로 살기 시작한 것을 축하하는 절기였습니다.

이스라엘 자손들은 시내산에서 하나님과 더불어 언약을 맺고 난 다음에 바로 송아지로 우상을 만들어 섬김으로 언약을 깨뜨려 버렸습니다(출 32:1-6). 이것을 본 모세는 하나님께서 친히 만드시고 새겨주신 돌판을 던져서 깨뜨려 버립니다. 이스라엘 자손들이 언약을 지키려는 마음이 없었기 때문에 하나님과의 언약관계가 깨졌다는 것을 시위해 보인 것입니다. 하나님께서는 모세에게 다시 돌판을 만들어가지고 올라오라고 하시고는 처음 것과 동일한 언약의 말씀을 새겨 주셨습니다(출 34:1-9). 이후에 이스라엘의 완악함을 지속적으로 목도하신 하나님께서는 새 언약을 맺겠다고 하십니다. 이제는 돌판이 아니라 마음판에 하나님의 율법을 새겨주겠다고 하십니다(렘 31:33). 마음판에 새겨졌으니 잊어버릴 일이 없습니다. 마음으로부터 율법을 지키게 될 것입니다. 이것이 바로 오순절에 성령께서 강림하심으로 이루어진 일입니다.

고대교회는 교회력의 절정인 성령 강림절을 크게 축하했습니다. 부활 전야제처럼 성령 강림 전야에 모여 예배했습니다. 이 전야 예배 때는 구약성경의 본문을 네 군데 읽었습니다. 이 네 군데 본문은 오순절 성령 강림을 예상하는 본문들입니다. 첫째 본문은 창세기 11장의 바벨탑 사건입니다. 오순절 성령 강림이 죄로 인해 수없이 분열되어 있는 세상을 하나로 만드는 사건임을 알려줍니다. 둘째 본문은 시내 산 앞에 당도한 이스라엘 자손들에게 주신 출애굽기 19장입니다. 오순절 성령 강림으로 인해 주님의 교회에 새로운 법을 선포해 주신 것을 축하합니다. 셋째 본문은 뼛조각들이 거대한 군대를 이루는 에스겔 37장의 말씀입니다. 성령께서 오심으로 죽었던 자들 가운데서 새로운 하나님의 백성이 일어나는 것을 보여줍니다. 넷째 본문은 요엘 2장 말씀입니다. 오순절 성령 강림 때 사도 베드로가 인용했던 바로 그 구절입니다. 이제는 말세가 되었고, 누구든지 주의 이름을 부르는 복된 시대가 펼쳐졌다는 것을 선포합니다.

부활절에 강단을 장식할 경우에는 백합과 같은 흰 꽃으로 장식합니다. 부활절은 흰색이 적합하기 때문입니다. 성령 강림절에 이르면 그 색깔이 빨간색으로 바뀝니다. 오순절에 성령께서 불의 혀같이 갈라지는 모습으로 임하신 것을 연상하도록 불붙는 것 같은 색깔의 꽃으로 장식합니다. 부활절로부터 성령 강림절에 이르기까지의 50일간 독서는 사도행전과 요한복음을 주로 합니다. 예를 들어, 부활절에 요한복음 서론(1:1–18)을 읽고, 이후로는 요한복음에 대한 전체 독서를 시작하기도 합니다. 사도행전은 성령행전이라고 부를 수 있습니다. 사도행전은 성령 강림절 이후에 계속해서 묵상하기에 좋은 말씀입니다. 성령께서 오셔서 교회를 세워가시는 것을 잘 보여주기 때문입니다. 성령 강림은 단회적인 사건일 뿐만 아니라 지금도 계속해서 임하는 사건입니다. 성령님으로 인해 교회는 갈수록 더 풍성해집니다.

삼위일체 주일, 왜 지키나?

서방교회는 성령 강림절 다음 주일을 '삼위일체 주일'로 지킵니다. 우리 개신교회도 자연스럽게 이 삼위일체 주일을 지키고 있습니다. 삼위일체 주일은 그리스도의 구속 사역을 축하하는 교회절기는 아닙니다. 로마교회에서는 이 삼위일체 주일을 '이념축일'로 부릅니다. 이념이라는 말이 이상하게 들리지 않습니까? 이념이라는 말에 나와 있듯이 구체적인 구원사건을 축하하는 것이 아니라 구원사건에서 발생한 추상화된 이념을 축하하는 것이기 때문입니다. 로마교회는 여러 가지 이념축일들(삼위일체 대축일, 성체성혈 대축일, 예수 성심 축제, 그리스도 왕대축일, 성가정 축일)을 가지고 있습니다. 우리는 이런 여러 축일들 중에서 삼위일체 주일만 지키면 될 것입니다.

초대교회로부터 성 삼위일체에 대한 믿음이 자연스럽게 자리 잡았습니다. 예수님이 요한에게 세례 받으실 때 하늘 아버지의 음성이 들렸고, 성령께서 비둘기같이 내려오심으로 삼위가 각각 구별되어 계심을 확인할 수 있습니다. 부활하신 예수님은 제자들을 사도로 파송하시면서 '아버지와 아들과 성령의 이름으로 세례를 주라'(마 28:19)고 하심으로 삼위 하나님에 대한 믿음을 확증하셨습니다. 예수님은 자신이 하나님의 아드님이며 경배받으실 하나님과 같으심을 드러내셨습니다. 예수님은 장차 임하실 성령님도 하나님에게서 나오는 힘 정도가 아니라 경배 받으실 하나님이심을 말씀하셨습니다. 이 삼위 하나님에 대한 믿음을 고백하지 않고서는 세례 받는 자리로 나아올 수 없습니다.

고대교회는 아리우스(Arius) 이단이 삼위 하나님에 대한 고백을 부인하므로 삼위 하나님에 대한 고백이 더 강조되었습니다. 그것이 자연스럽게 사도신경으로 자리 잡았습니다. 사도신경은 삼위일체 하나님에 대한 고백인데, 이 고백은 세례 문구로부터 발전해 나왔습니다. 성경에 삼위일체라는 말도 없고, 사도신경도 없기 때문에 예배 때 고백할 필요가 없다고 말하는 것은 너무나 어리석은 생각입니다. 기독교의 독특한 신관은 유일신사상을 넘어 삼위 하나님에 대한 믿음이기 때문입니다. 지금도 그렇지만 모든 이단은 삼위일체 하나님을 믿지 못합니다. 삼위일체는 인간의 논리로 설명할 수 없기에 믿지 못하겠다는 것입니다. 즉, 이단은 합리성을 추구한다는 것을 알 수 있습니다.

신약교회는 처음부터 삼위일체를 고백했지만 로마가톨

릭은 특정한 날을 삼위일체 축일로 고정시키기를 원치 않았습니다. 주일마다, 아니 매일 기도를 하면서 시편을 읊고 영광송을 하기에 매일 삼위일체를 기리기 때문이었습니다. 삼위일체 축일은 수도원을 중심으로 지키기 시작했습니다. 클뤼니(Cluny) 수도원에서는 1030년에, 시토회(Citeaux) 수도원은 1271년에 삼위일체 축일을 도입해서 지키기 시작했습니다. 그 전에 삼위일체 축일은 성령 강림절 다음 주일에 지키기도 했고, 대림절 전 주일에 지키기도 했습니다. 마침내 1334년 요한 22세 교황이 성령 강림절 다음 주일을 삼위일체 축일로 정하여 지키도록 했습니다.

왜 성령 강림절 다음 주일을 삼위일체 주일로 지키는 것일까요? 성령께서 오셔야 삼위일체 하나님에 대한 비밀을 알 수 있기 때문일까요? 오순절에 성령님이 강림하심으로 이제는 삼위일체의 비밀이 분명하게 드러났기 때문입니다. 성부께서 성자를 이 세상에 보내셨고, 성자께서 이 땅에서의 사역을 마무리하신 후 하늘에 오르셔서 성부께 부탁하여 성령을 이 땅에 보내셨습니다. 성령의 오심은 그리스도의 다시 오심이라고 말할 수도 있습니다. 그리스도께서는 이제 '살려 주는 영'(고전 15:45)으로서 일하고 계십니다. 이렇게 하여 삼위일체의 비밀이 분명하게 드러났습니다. 우리는 성부께서 성자를 통하여 성령 안에서 일하신다는 것을 믿습니다.

하나님이 한 분이신데, 삼위(성부, 성자, 성령)를 말하는 이유는 "하나님께서 자신의 그의 말씀에 그렇게 계시하셨기 때문"(하이델베르크 교리문답 25문)입니다. 삼위일체 주일에 독서하는 구약성경말씀으로는 창조기사(창 1장), 이사야 선지자가 본 하늘보좌의 장면(사 6장), 하나님의 지혜에 귀를 기울이라는 잠언서(8장) 말씀들이 있습니다. 마지막 독서인 복음서 말씀으로는 예수님이 제자들에게 주신 세례명령(마 28:16-20), 거듭남에 관해 말씀하신 부분(요 3:1-17), 성령이 오시면 모든 진리 가운데로 이끄시겠다는 주님의 말씀(요 16:12-15) 등입니다. 우리가 아는 하나님은 그리스도를 통하여 성령 안에서 계시해 주신 하나님이십니다. 아타나시우스 신경(Athanasian Creed)에서 고백하고 있듯이 이 삼위 하나님을 믿지 않고서는 구원받을 수 없습니다. 우리는 삼위일체 주일을 지키면서 구원의 계획과 성취와 적용을 풍성하게 맛보아야 하겠습니다.

Q. 성탄주기보다 부활주기가 더 일찍 만들어진 이유가 무엇일까요? 부활주기가 하루 동안의 축하에서 준비절기와 축하절기로 확장되는 과정을 설명해 보세요.

Q. 사순절이 신자들 전체(세례 준비자, 고해자, 일반교인)를 위한 뚜렷한 목적을 가지고 있었다는 것을 말해 보고, 이 절기가 어떻게 변질되었는지, 그리고 우리는 이 사순절을 어떻게 보내는 것이 좋을지를 말해 봅시다.

Q. 사순절의 마지막 주간이 고난주간인데 그 고난주간을 어떻게 보내는 것이 좋을지, 그리고 성삼일과 부활절을 어떻게 지키는 것이 좋을지 말해 봅시다.

Q. 승천일과 성령 강림절, 그리고 삼위일체 주일에 이르는 과정을 말해 봅시다. 왜 이런 절기의 축하가 중요할까요?

제3장
성탄주기

대림절, 무엇을 기다리나?

이제 교회력의 두 기둥 중 하나인 성탄주기를 살펴봅시다. 교회력의 두 기둥은 부활주기와 성탄주기인데, 성탄주기는 부활주기보다 이후에 자리를 잡았습니다. 우리 달력으로는 부활주기가 먼저 오지만 한 해의 교회력은 성탄주기로부터 시작합니다. 예수 그리스도의 성육신이 시작이니 말입니다. 성육신을 묵상하는 중요한 절기인 성탄주기를 통해 우리는 하나님의 크신 사랑을 묵상할 수 있습니다. 사도신경에서 고백하고 있듯이 '그리스도는 성령으로 잉태하사 동정녀 마리아에게서 태어나셨습니다.' 니케아 신경에서 더 분명하게 고백하고 있듯이, 하나님이 사람이 되셨습니다.

그분은 나셨으나 창조되지 않으셨고, 성부와 동일 본질이시
며, 그분으로 말미암아 만물이 창조되었습니다.

이 놀라운 신비를 우리는 성탄주기를 통해 묵상합니다.
성탄주기는 준비절기인 대림절과 축하절기인 성탄절, 주현
절로 이루어져 있습니다. 먼저, 대림절을 살펴보겠습니다.
대림절(待臨節Advent)은 말 그대로 주님의 강림을 기다리는
기간입니다. '기다림'(Adventus)이라는 용어는 라틴어에서 왔
는데 이교도들이 사용하던 용어였습니다. 제물을 바칠 때
신들이 방문한다는 것을 가리킬 때 이 용어를 사용하였는
데. 로마제국의 황제는 이 용어를 차용하여 사용했습니다.
황제가 공식적으로 신민을 방문할 때 이 용어를 사용하였습
니다. 자신의 공식적인 방문을 신의 방문이라고 생각하도
록 만든 것입니다. 교회는 이 용어에 세례를 주어서 성육신
사건에 사용했습니다. 그리스도께서 친히 자기 땅을 방문
하셨기 때문입니다.

대림절의 기간은 4주간입니다. 부활을 기다리는 기간이

40일인데, 그리스도의 강림을 기다리는 기간이 4주에 불과하니 성탄절을 과소평가한 것일까요? 그렇지 않습니다. 대림절을 금식하는 기간으로 생각했고 매일 예배에 참석했습니다. 대림절은 사순절 기간처럼 회개하고 금식하면서 세례를 준비하는 기간이기도 했습니다. 부활절에 세례 받지 못한 이들이 성탄절에 세례 받도록 기회를 주었습니다. 고대교회는 수요일과 금요일에 금식했는데 이 대림절에는 월요일까지 금식했습니다. 이렇게 일주일에 삼 일씩 금식했기에 그 금식일들을 제외하고 40일을 대림절로 잡기도 했습니다. 이에 대림절은 11월 11일에 시작하기도 했습니다. 대림절을 사순절 못지않은 절기로 삼기 위해서였습니다. 10세기쯤에는 대림절이 4주간으로 줄어들었습니다.

대림절은 그리스도의 방문을 준비하는 절기입니다. 대림절은 그리스도께서 육체로 오신 것을 묵상하는 절기입니다. 대림절은 그리스도께서 과거에 이 땅에 오신 것을 묵상하는 것만이 아니라 장차 오실 그리스도를 기다리는 절기이기도 합니다. 이것은 성탄절도 마찬가지입니다. 대림절은 과거를 회상하는 절기일 뿐만 아니라 종말론적인 절기입니다. 대림절은 교회력의 시작이지만 시간의 끝을 가리킴니다. 그리스도께서는 '때가 차매'(갈 4:4) '이 모든 날 마지막에'(히 1:2) 이 땅에 오셨기 때문입니다. 그리스도의 방문은 종말이 시작되었음을 알렸습니다. 최종 구원의 카운트다운이 시작되었습니다. 대림절과 성탄절이 연중 달력으로 한 해의 마지막에 자리하고 있는 것이 결코 이상하지 않습니다.

대림절의 4주간 동안 교회는 그리스도의 오심과 관련된 각종 말씀을 묵상합니다. 대림절에 읽고 묵상하기 좋은 말씀은 구약의 선지서들인데, 이사야서 말씀이 대표적입니다. 첫째 주일과 둘째 주일은 그리스도의 다시 오심을 묵상합니다. 이스라엘 백성들이 포로생활 하다가 돌아올 것을 알리는 말씀과 세례요한이 그리스도의 오심을 기다리면서 회개하라고 외친 말씀을 묵상합니다. 셋째 주일은 기뻐하라고 하는 빌립보서의 그 유명한 말씀(4:4)에 근거하여 '기뻐하여라(Gaudete) 주일'로 불리기도 합니다. 금식하면서 회개하는 기간에도 기쁨은 억누를 길이 없다는 것을 보여줍니다. 구원의 주님이 오고 계시기 때문입니다. 마지막 넷째 주일은 그리스도의 탄생을 깊이 묵상합니다. 마태복음과 누가복음에서 아기 예수의 탄생을 알리는 장면들을 묵상하는 기회로 삼습니다. 성육신이 바로 코앞에 다가왔기 때문입니다.

대림절에는 대림절 화환을 만들기도 합니다. 상록수 잎사귀로 화환을 만들고 그 가운데에 초를 네 자루 꽂습니다. 매 주일 초를 하나씩 밝힙니다. 그리스도께서 어두운 이 세상에 빛으로 오신다는 것을 보여주기 위함입니다. 네 자루의 초만이 아니라 가운데 가장 큰 초를 하나 더 꽂아놓기도 하는데 이것은 성탄절 당일에 밝히기 위한 목적입니다. 그리스도는 의로운 태양이신데 초라는 것은 너무나 초라한 것이 아닐까요? 하나님이 인간이 되셔서 이 땅에 오신 것을 알기에 대림절에 작은 초를 켜는 것이 적절합니다. 그 촛불은 이제 거대한 태양빛으로 바뀔 것입니다. 대림절에 우리는 '공의로운 해가 떠올라서 치료하는 광선'(말 4:2)을 비출 것을 기대합니다. 교회의 기다림은 결코 헛되지 않습니다. 우리의 모든 연약함과 허물을 담당한 분이 오고 계시기 때문입니다.

성탄절, 예수님이 태어나신 날인가?

성탄주기의 축하절기는 성탄절과 주현절입니다. 성탄절은 서방교회의 절기였고, 주현절은 동방교회의 절기였습니다. 역사적으로 보자면 주현절이 먼저 있었습니다. 동방교회에서는 그리스도의 탄생 자체만이 아니라 동방박사들의 방문, 그리스도의 세례 받으심 등을 축하하면서 성육신의 신비를 기념하고 축하했습니다. 동방교회에서 그리스도의 탄생을 축하하던 주현절이 서방교회에 소개되면서 성탄절로 자리 잡았습니다. 4세기 무렵입니다. 서방교회의 성탄절이 4세기에 비로소 제정되었다는 것이 이상하다고 생각될 것입니다. 초대교회는 성자께서 인간이 되신 것을 간과했다는 말입니까? 사실 고대교회는 부활절에 집중했습니다. 교회는 매 주일 그리스도의 부활을 기념하고 기뻐했습니다. 매 주일을 부활절이라고 생각했다는 뜻입니다. 그러다가 2세기 초에 연중의 부활절이 제정되었습니다. 교회는 부활과 이어지는 승천, 그리고 성령 강림을 자연스럽게 축하했습니다.

동방교회의 주현절을 통해 서방교회에 성탄절이 자리 잡은 것은 이단들의 활동 때문이기도 했습니다. 고대교회에서는 소위 말하는 '가현설'(假現說)이라는 것이 유행했습니다. 이들은 성경에서 고백하는 '예수가 그리스도다'라는 고백을 부인했습니다. 예수는 예수고, 그리스도는 그리스도라는 것입니다. 이것은 헬라사상의 영향 때문인데 인간 예수가 그리스도일 수가 없다고 생각했습니다. 이들의 생각을 정리해보면 다음과 같습니다. 인간 예수에게 그리스도가 와서 머물다가 십자가에 달리기 직전에 떠나갔다는 것입니다. 그렇다면 인간 예수는 자신이 그리스도라고 착각하면서 비참하게 죽은 것밖에 되지 않습니다. 이런 이단이 성행하자 예수가 그리스도이심을 고백하는 것이 중요해졌습니다. 사도 요한은 이미 '그리스도께서 육체로 임하심을 부인하는 자들이 적그리스도'(요일 2:22-23)라고 말했습니다. 이렇게 일찍부터 예수님이 그리스도인 것을 부인하는 이들이 많았지만 교회는 4세기가 되어서 비로소 성탄절을 제정하여 성육신을 축하하기 시작했습니다.

성탄절로 정해진 12월 25일은 예수님이 태어나신 날이 아닙니다. 우리가 잘 알듯이 아기 예수께서 태어나실 때 목자들이 밤에 야외에서 양 떼를 치고 있었습니다. 겨울이 오기 전이라는 것을 알 수 있습니다. 그렇다면 왜 12월 25일입니까? 이날은 민속절기로 '동지'입니다. 1년 중 해가 가장 짧은 날입니다. 이날에 로마의 이교도들은 '무적의 태양'신을 위해 축제를 했습니다. 그들의 마음속에 있는 두려움을 떨쳐버리기 위한 것이었습니다. 태양빛이 가장 짧은 날에 무적의 태양신이 다시 태어나기를 기대했습니다. 이날에 축제를 벌이면 무적의 태양이 다시 살아 돌아와서 자기들을 지켜줄 것이라고 생각했습니다. 자연현상을 신적인 작용의 결과라고 생각한 것입니다. 교회는 이렇게 무적의 태양에게 제사하고 축제하던 날을 가지고 와서 예수님이 탄생한 날로 삼았습니다. 이것은 이교신앙에 굴복한 것이 아니라 이교신앙에 세례를 준 것입니다.

종교개혁은 중세교회의 악습을 끊으려고 애를 썼는데, 성탄절도 그중에 하나였습니다. 예수님이 12월 25일에 태어나지 않은 것도 그렇고, 그리스도의 탄생을 지나치게 신비화한 것도 그 이유 중에 하나였습니다. 그리스도의 성육신을 축하하던 절기가 아기 예수를 신비화시켰고, 더 나아가 성모 마리아 숭배로까지 이어졌기 때문입니다. 고대교회가 마리아를 '하나님의 어머니'(Theotokos)라고 부른 이유는 그리스도의 신성과 인성의 통일을 강조하기 위함이었습니다. 마리아가 사람이 되신 하나님을 실제로 잉태하고 출산했으니 말입니다. 그런데 어느 순간부터 마리아를 숭배하기 시작했습니다. 마리아를 통해 기도하면 마리아가 아드님에게 우리의 소원을 빌어줄 것이니 그 요청을 거절할 수 있겠냐는 생각에서 시작된 것입니다. 성화에서도 종종 보이듯이 마리아는 하늘황후이고, 그리스도는 아기로 묘사되어 있습니다. 종교개혁자들이 다 그렇게 하지는 않았지만 특히 청교도들은 성탄절을 지키지 않아야 한다고 주장했습니다. 청교도들이 자리 잡은 신대륙의 메사추세츠에서는 1600년대 말까지 성탄절 축하가 금지되었습니다.

우리는 성탄절을 제대로 지키는 것이 좋겠습니다. 사도신경에서 고백하고 있듯이 '그리스도는 성령으로 잉태하사 동정녀 마리아에게서 태어나셨습니다.' 예수님이 성령의 능력으로 동정녀 마리아에게서 잉태되고 태어나신 것을 믿지 않으면 우리는 예수님을 믿을 이유가 없습니다. 예수는 한낱 인간에 불과하니 말입니다. 성탄절이 없이는 우리의 구원이 없습니다. 성탄절은 우리 구원의 시초를 보여주는 것일 뿐만 아니라 우리 구원의 완성을 확신할 수 있는 절기입니다. 성탄절은 하나님이 사람이 되신 것을 기념하는 절기이기 때문입니다. 성탄절은 어린 아기의 탄생을 낭만적으로 축하하는 날이 아니라 우리 육체의 구원이 시작된 것을 생생하게 누리는 날입니다. 동정녀 탄생을 말하는 것은 신비한 것도, 수치스러운 것도 아닙니다. 우리는 하나님이 사람이 되어 이 땅에 오신 것을 가장 생생하게 누릴 수 있습니다.

성탄절, 어떻게 축하할까?

교회는 대림절부터 그리스도의 오심을 대망하다가 성탄절이 되면 성육신의 신비를 크게 축하했습니다. 성탄절이 되면 예루살렘에서는 성탄절 전날 저녁부터 그리스도의 출생과 관련된 장소들을 순례하면서 예배했습니다. 순례객들은 성탄절의 이 순례를 무척이나 기다리고 감격적으로 순례했습니다. 로마교회는 이 소식을 듣고는 성탄절 낮에 한 번 하던 예배를 확장하기 시작했습니다. 성탄 전날, 즉 성탄 이브에 로마에 지어진 예배당들을 돌면서 성탄을 축하하기 시작했습니다. 성탄 전날 저녁에 마리아 대성당에 모여 미사를 드리고, 밤에는 마리아 대성당 구유채플에 모여서 미사를 드렸습니다. 새벽에는 성녀 아나스타시아 성당으로 가서 미사를 드리고, 마지막으로는 베드로 대성당으로 가서 성탄 낮미사를 드렸습니다. 이 마지막 미사에서는 성육신의 신비를 발설하는 요한복음 서문을 낭독했습니다. 이런 전통 때문에 한국 교회에서도 성탄 이브 축하행사를 하고 있습니다.

성탄절 축하는 점차 성대해졌습니다. 성탄절 당일 축하로 끝내지 않고 8일간 계속되었습니다. 원래는 7세기까지 부활절만 8일 동안 축하했습니다. 사순절동안 세례교육을 받았던 이들은 부활절 새벽에 세례 받는데, 교회는 세례자에게 흰 옷을 입혀 줍니다. 세상 모든 죄를 씻고 새로운 사람으로 산다는 것을 보여줍니다. 세례 받은 이는 8일 동안 이 흰 옷을 입고 있는데, 세례 받은 후 8일 동안 신비교육이라고 불리는 세례 후속교육을 받았습니다. 부활절 다음 주일인 8일째에 교회는 성대하게 축하하는데, 이 날에 세례자는 흰 옷을 벗고 교인들과 함께 자리합니다. 8일이 좀 더 확장되어서 8주를 지내는데, 이 기간이 바로 오순절입니다. 부활절 이후 여덟째 주일이 성령께서 강림하신 주일이 됩니다. 이렇게 부활절 8일의 축하가 성탄절 8일의 축하로 이어졌습니다. 성탄 후 8일째면 1월 1일입니다. 새로운 해가 시작되는 날입니다. 로마교회는 이 날을 마리아 축일로 삼았습니다. 이 날에 예수님의 할례를 기념하기도 했습니다. 부활절 이후 여덟째 주일이 성령께서 강림하신 주일이 됩니다. 이렇게 부활절 8일의 축하가 성탄절 8일의 축하로 이어겼습니다. 성탄 후 8일째면 1월 1일입니다. 새로운 해가 시작되는 날입니다. 로마교회는 이 날을 마리아 축일로 삼았습니다. 이 날에 예수님의 할례를 기념하기도 했습니다. 7세기 이후에는 8일이 좀 더 확장되어서 8주를 축하하기도 했습니다. 부활절 이후 여덟째 주일이 성령 강림절이듯이 성탄절도 여덟 주일을 축하하기도 했습니다.

우리는 성탄절을 제대로 축하하고 있을까요? 겉으로 보면 현대 교회는 부활절보다 성탄절을 더 크게 축하하는 것처럼 보입니다. 성탄절이 한 해의 끝에 자리하고 있다는 것이 크게 작용한 탓입니다. 연말 분위기가 성탄절 분위기를 지배하고 있습니다. 연말에 맞는 아기 예수의 탄생은 뭔가 모르게 낭만적이고 신비하게 느껴지기 때문입니다. 그런데 세상적으로 보면 성탄절은 너무나 황당한 날입니다. 마리아라는 처녀가 약혼한 요셉과 관계없이 아기를 임신하여 출산한 날이기 때문입니다. 믿음이 없는 이들이 보기에는 사생아가 태어난 날일 수밖에 없습니다. 세상 사람들은 그런 것쯤은 아무것도 아니라는 듯이 성탄절을 즐깁니다. '고요한 밤 거룩한 밤'을 부르면서 말입니다. 성탄절에 눈이 오면 가장 이상적입니다. '화이트 크리스마스'를 기대하기 때문입니다.

성탄절은 거리마다 캐롤이 울려 퍼지고, 성탄카드며 선물을 주고받는 날이 되었습니다. 어린아이들은 산타클로스가 벽난로를 타고 내려와 크리스마스 트리에 걸어둔 양말 속에 선물을 놓아두고 간다고 생각합니다. 물론, 알 만한 아이들은 부모가 선물을 넣는다는 것을 다 알지만 속아줍니다. 아이들은 자신이 원하는 선물을 받을 수 있기만 하면 됩니다. 사실 산타클로스는 성 니콜라스(St. Nicholas)를 상업적으로 만든 것입니다. 소아시아 리키아 지방에서 태어난 니콜라스는 부모로부터 받은 거대한 유산을 가난한 자들에게 나누어 주고는 사제가 되었는데, 나중에 뮈라(Myra)의 주교가 되었습니다. 12월 6일이 이 성 니콜라스의 축일인데, 아이들은 이날 저녁에 등불을 켜고는 집집마다 다니면서 노래를 부르고 과자를 받아냅니다. 유럽에서 성 니콜라스를 축하하던 것이 미국으로 건너가서 상업성이 농후한 산타클로스 전설로 바뀌었습니다.

작금에 성탄절은 교회가 아니라 세상이 더 기다리는 날이 되었습니다. 장삿속을 채우기 위해서 말입니다. 성탄절은 흥청망청거리는 날이 되었습니다. 교회도 이런 분위기에 물들고 있습니다. 성탄절은 전율해야 하는 날이지 마냥 흥겨운 날일 수는 없습니다. 성탄절은 스캔들일 수밖에 없지만 우리 구원이 시작된 날입니다. 하나님께서 '이 모든 날 마지막에 아들을 통하여 우리에게 말씀하셨기 때문입니다'(히 1:2). 성탄절은 하나님께서 사람이 되어 우리 가운데 찾아오신 날입니다. 성탄절은 하나님이 우리를 하늘로 올라오라고 손가락을 까딱 까딱하시는 날이 아니라 하나님이 저 높은 하늘로부터 친히 내려오셔서 발가벗은 피투성이 아기가 되신 날입니다. 성탄절에 우리는 2000년 전에 태어난 아기가 아니라 다시 오실 영광의 주님을 기다립니다. 우리는 성탄절을 하루만 축하할 것이 아니라 새로운 해가 시작될 때까지 그 기쁨과 축하를 이어가야 할 것입니다. 우리는 하나님의 가장 큰 선물을 받아 새로운 한 해를 시작합니다. 새해를 성탄의 주님과 함께 시작할 수 있으니 얼마나 복됩니까!

주현절, 뭐가 나타났다는 것인가?

성탄주기의 두 축하절기는 성탄절과 주현절입니다. 주현절이라는 말을 처음 들어보는 분들이 많을 것입니다. 주현절은 동방교회의 절기이기 때문입니다. 성탄절은 서양교회의 절기이고 말입니다. 우리 개신교회는 서방교회에 속해 있기 때문에 동방교회에 대해 잘 모르고 관심도 없습니다. 성탄에 대한 축하는 동방교회에서 먼저 시작되었습니다. 동방교회에서 주현절이 먼저 시작되었고, 이것이 서방교회에 소개되면서 성탄절로 자리 잡았습니다. 서방교회가 동방박사의 방문을 축하하게 된 것은 주현절 덕분이라고 하겠습니다. 서방교회에 자리 잡은 성탄절이 동방교회에 또 다시 소개되면서 주현절은 변화를 겪게 됩니다. 이렇게 동방교회와 서방교회는 성탄을 축하하면서 서로 영향을 주고 받았습니다.

주현절(主顯節)은 에피파니(Epiphany)라고 부릅니다. '나타나다'는 뜻입니다. 고대세계에서 '나타나다'는 이 용어는 신들이 나타나는 것을 가리킬 때 사용하는 용어였습니다. 신(神)이 사람이 볼 수 있도록 나타날 때 사용하던 용어였습니다. 또한 왕에게 신적권위를 부여하여 그가 자신의 왕국을 공적으로 방문할 때 이 용어를 사용하였습니다. 동방교회의 주현절은 예수님의 탄생만이 아니라 그 용어에서 보이듯이 그리스도께서 공적으로 자기 백성에게 나타나 보이신 것을 축하하기 위한 절기였습니다(딛 2:11,13). 예수님의 탄생은 예언된 것이지만 몇몇 이들에게만 알려졌습니다. 예수님이 하나님이시라는 것이 공적으로 나타난 것은 동방박사들이 예루살렘을 방문했을 때와 예수님이 요한에게 세례 받으실 때, 그리고 예수님이 가나의 혼인잔치에서 첫 번째로 기적을 베푸실 때(요 2:11) 등입니다. 동방교회는 주현절에 이 세 가지 사건을 한꺼번에 축하했습니다.

성탄절은 12월 25일인데, 주현절은 성탄절로부터 12일 후인 1월 6일입니다. 왜 1월 6일일까요? 로마가 12월 25일에 '무적의 태양신'을 축하하던 것을 세례 주었듯이, 이집트에서는 1월 6일에 시간과 영원의 신인 '아이온'(Aion)을 축하하던 것을 세례 주었다는 주장이 있습니다. 한편, 이단사설에 대한 교회의 반응이라는 주장도 있습니다. 알렉산드리아의 교부 클레멘트(Clement)는 영지주의자들이 1월 6일에 모여 예수님이 세례 받으신 것을 축하한 것을 지적했습니다. 영지주의자들은 예수님의 탄생을 축하하지 않았습니다. 그 출생을 성육신으로 축하하지 않았습니다. 단지 예수님이 요한에게 세례 받으시면서 비로소 그리스도의 역할을 하기 시작했다고 보았습니다. 이에 동방교회는 영지주의자들이 예수님의 세례 받으심을 축하하던 날을 주현절로 지키기 시작했다는 것입니다. 어쨌든 동방교회의 주현절은 예수님이 세례 받으신 것을 무엇보다 중요하게 축하하는 절기였습니다. 요한의 세례는 죄 사함을 받게 하는 세례였는데 죄 없는 분이 죄인의 자리에 서신 것이야말로 성육신의 신비를 뚜렷하게 보여주는 것이니 말입니다.

주현절에는 예수님이 가나의 혼인잔치에서 물로 포도주를 만드신 사건도 축하했습니다. 예수님이 최초로 행하신 기적이기 때문입니다. 예수님은 포도주가 떨어졌다는 말을 들으시고는 '유대인의 정결 예식을 따라 두세 통 드는 돌항아리 여섯'에다가 물을 가득 채우라고 하셨고, 그 물을 떠서 연회장에게 갖다 주라고 하셨습니다(요 2:6-8). 이 놀라운 기적이 표적인 것은 이렇게 예수님이 유대인의 정결 예식을 성취하는 분이라는 것이 드러났기 때문입니다. 예수님은 유대인들의 모든 제사와 절기, 죄씻음과 정결 예식을 성취하기 위해 오신 분이라는 것이 드러났습니다. 바로 이 사건이야말로 주현절의 의미를 분명하게 드러냅니다. 기적 자체가 중요한 것이 아니라 이 사건은 표적이었습니다. 예수님은 이 사건을 통해 비로소 '주의 영광을 나타내셨습니다'(요 2:11). 제자들은 이 사건을 통해 예수님의 에피파니를 보았습니다.

요한복음 서두에 나와 있듯이 주현절은 '빛의 절기'입니다. 말씀 안에 생명이 있었고, 이 생명이 빛이 되어 어둠에 '비추었지만'(에피파니의 변형인 파이네이) 어둠이 깨닫지 못했습니다(요 1:5). 주현절은 또한 '물의 절기'입니다. 주현절에 예수님이 세례 받으신 것을 기념하기에 물의 절기라고 부르기도 하고, 주현절에 세례 받을 수 있기 때문이기도 합니다. 동방교회도 부활절이 세례 받기에 합당한 절기라고 생각했지만 주현절도 괜찮다고 생각했습니다. 주현절에 교회는 사복음서를 집중적으로 읽었습니다. 지역별로 다른 복음서를 선호했는데 소아시아는 요한복음을, 예루살렘은 마태복음을, 이집트는 마가복음을 선호했습니다. 주현절은 성탄절이 대세를 이루면서 위축되었지만 성탄절을 성취하는 절기라고 보는 것이 좋겠습니다. 우리가 주현절을 지킬 필요는 없지만, 성탄절에 주현절의 의미까지 넣어서 지키는 것이 좋겠습니다. 우리는 기대와 염려가 교차하는 새로운 한 해를 그리스도께서 나타나실 것을 기대하면서 시작할 수 있게 되었습니다. 예수님이 이 땅에 오신 것을 묵상하면서 한 해를 마무리하고, 그리스도께서 다시 나타나실 것을 기대하면서 새로운 한 해를 시작하는 것이 얼마나 복된 일입니까.

Q. 4주간의 대림절이 어떤 절기이고, 이 대림절을 지키는 이유가 무엇이며, 이 절기를 통해 누릴 수 있는 유익이 무엇일까요?

Q. 12월 25일이 예수님이 태어나신 날이 아닌데 이날을 성탄절로 지키는 이유가 무엇일까요? 이날을 다른 날로 바꾸어 가장 가까운 주일을 '성탄주일'로 지키면 안 될까요?

Q. 성탄절이 산타클로스를 포함하여 상업적인 것에 물들었는데, 성탄을 제대로 축하하기 위해서 필요한 것이 무엇일까요?

Q. 동방교회가 지킨 주현절은 성탄절과 어떤 관련이 있습니까? 연초에 있는 이 주현절을 우리가 어떻게 활용하는 것이 좋을까요?

제4장
평상절과 성서일과

평상절, 왜 평상절인가?

교회력은 성탄주기와 부활주기의 두 기둥으로 이루어져 있습니다. 한 해의 교회력은 성탄주기로부터 시작합니다. 성탄주기는 준비절기인 대림절로부터 시작하여 축하절기인 성탄절과 주현절로 이어집니다. 5주간 정도입니다. 부활주기는 준비절기인 사순절로부터 시작하여 축하절기인 부활절, 승천일, 성령 강림절로 마무리됩니다. 15주간 내외입니다. 주현절 이후 사순절까지, 오순절 이후 대림절까지의 날들을 '평상절'이라고 부릅니다. 로마가톨릭에서는 '연중주기'라고 부릅니다. 고유한 특성을 지닌 절기 외의 기간이기 때문입니다. 이 평상절은 부활절 날짜에 따라 조금씩 달라지는데 30주간 내외가 됩니다.

우선, 성탄주기가 끝나고 부활주기가 시작될 때까지의 기간을 살펴봅시다. 부활절이 해마다 바뀌기 때문에 고정시킬 수 없지만 대충 10주간 이내의 기간입니다. 일반적으로 주현절 다음 주일은 예수님이 세례 받으신 것을 기념하는 주일로 지키고, 사순절 직전의 주일은 예수님이 산상에서 변화되신 것을 기념하는 주일로 보냅니다. 이렇듯 성탄주기 이후의 기간은 그리스도께서 이 땅에 오셔서 하신 일을 묵상하기에 좋은 기간입니다. 우리는 그리스도께서 이 땅에서 하신 일을 주목해야 합니다. 예수님은 사사로운 기적을 행하고 도덕적인 교훈을 하신 것이 아니라 공적으로 임명받아 구속 사역을 이루셨습니다. 교회가 그리스도의 구속 사역을 기적이나 도덕으로 바꾸려고 하는 상황이기에 더더욱 그리스도의 구속 사역을 확실하게 전해야 하겠습니다.

이제 부활주기가 끝나고 난 다음의 평상절 기간을 살펴보겠습니다. 성령 강림절로 부활주기가 끝납니다. 부활주기가 끝나고 성탄주기가 시작될 때까지의 기간은 25주간 내외로 가장 긴 기간입니다. 1년의 절반이나 됩니다. 계절적으로는 이제 봄이 지나고 여름과 가을의 대부분의 기간을 이 평상절로 보내게 됩니다. 우리는 성령 강림절 다음 주일을 '삼위일체 주일'로 지킵니다. 성부께서 성자를 이 땅에 보내어 주셨고, 승천하신 그리스도께서 하늘 아버지께 요청하여 성령님을 보내어 주셨기에 우리는 하나님이 삼위 하나님이심을 알게 되었습니다. 로마가톨릭은 성탄주기가 시작되는 대림절 직전의 주일을 '왕이신 그리스도 주일'로 지킵니다. 이 주일은 대림절로 자연스럽게 이어지기 위한 목적을 가진 주일입니다. 그리스도께서 왕이시지만 자신을 낮추셔서 우리 가운데 찾아오신 것을 기념하기 위한 것입니다.

이제 1년의 설교를 구상한다는 관점에서 평상절을 포함하여 한 해의 교회력 전체를 살펴보겠습니다. 성탄주기와 부활주기의 18주일에 대한 설교를 미리 구상하면 좋겠습니다. 그리스도의 오심과 그리스도의 일하심과 그리스도의 죽으심과 부활, 승천하심과 성령 보내심에 대한 묵상이 해마다 더 풍성하고 깊어져야 하겠습니다. 우리는 끊임없이 그리스도께서 하신 일을 반복적으로 묵상해야 합니다. 그 정도는 교인들이 이미 다 알고 있다고 생각하고 넘어가서는 안 됩니다. 그리스도께서 우리와 똑같이 이 땅에서 발 딛고 사셨다는 것이 가면 갈수록 생생해져야 합니다. 성탄주기와 부활주기 외에 나머지 기간인 평상절에는 교회의 필요에 따른 주제든지, 그렇지 않으면 특정한 성경책 한 권을 정하여 소위 말하는 강해설교를 진행하는 것이 좋겠습니다.

존 스토트(John Stott)라는 유명한 신학자는 그의 책『나의 사랑하는 책: 교회력에 따른 매일 성경 묵상』(IVP)에서 교회력과 우리 달력을 창조적으로 활용하여 성경 전체를 묵상하는 길을 제시했습니다. 그는 1년을 세 부분으로 나누어서 성경 전체를 매일 묵상하도록 했습니다. 9월부터 12월까지(대림절 이전)는 성부께서 일하신 구약성경(천지창조부터 그리스도까지)을 묵상하고, 1월부터 4월까지(성탄절에서 오순절까지)는 그리스도의 사역을 증거하는 복음서를 다루고, 5월부터 8월까지(오순절 이후)는 사도행전, 서신서, 요한계시록을 다루면서 성령 안에서 사는 삶을 묵상하도록 했습니다.

주일예배는 오전예배만 있는 것이 아닙니다. 오후예배도 있고, 주중 모임들도 있습니다. 오후예배와 주중 모임에도 교회력을 활용할 수 있습니다. 주일오후예배는 오전에 묵상했던 교회력 주제를 토론하고 적용하고 기도하면 좋을 것입니다. 한편, 교회력과 맞아 떨어지는 것은 아니지만 오후예배에 도움을 주는 것이 '교리문답'입니다. 특히 하이델베르크 교리문답(Heidelberg Catechism)은 설교하고 가르칠 수 있도록 52주일로 나누어 놓았기 때문에 효과적입니다. 오후예배때 교리문답을 해마다 반복하면 좋습니다. 이것은 교회력이 해마다 반복되는 것과 같은 효과를 가질 수 있습니다. 이에 새로운 두 기둥을 말할 수 있습니다. 교회력과 요리문답의 두 가지 기둥 말입니다. 이 두 기둥은 성경을 교회와 신자의 삶에 구체적으로 적용하기 위한 것입니다.

성인의 날, 개신교에는 없는 이유는?

교회력의 두 기둥은 성탄주기와 부활주기입니다. 로마가톨릭은 또 하나의 거대한 기둥을 세웠습니다. 그것이 바로 '성인(聖人)의 날'입니다. 로마교회는 수많은 성인의 날들을 가지고 있습니다. 매일의 날들에 성인 한 명 이상씩 배치했을 정도입니다. 최고의 성인은 성모 마리아입니다. 성모는 성자를 낳으신 분이니 성모를 통해 성자께 부탁하면 그 기도가 거절되지 않을 것이라고 생각합니다. 가나의 혼인잔치 장면을 생각해 보라는 것입니다. 그 외 성경인물들도 성인들로 추앙을 받고 있습니다. 교회 역사상의 수많은 인물들이 성인이 되었습니다. 로마가톨릭은 11월 1일을 '만성절'(萬聖節)로 정했습니다. 이날은 모든 성인들의 공덕을 다 받을 수 있는 날입니다.

왜 성인의 날들을 만든 것일까요? 하루 하루 그 성인에게 의탁하여 도움을 받으려고 한 절박함이라고 해석하면 될까요? 그만큼 중세시대는 괴로움과 고통이 많은 시대였을까요? 사실, 어느 시대에나 종교인들은 더 많은 도움과 구원을 받기를 기대했습니다. 기독교는 다릅니다. 다신교와 다릅니다. 우리는 유일하신 하나님을 섬기고 있습니다. 성부께서 보내주신 우리 주 예수 그리스도가 계십니다. 그리스도 외에 다른 구원자가 없습니다. 그리스도는 우리를 구원하는 큰 일을 하시고, 나머지 성인들은 우리의 일상생활에 필요한 도움을 주는 존재들이라고 생각해서는 안 됩니다.

로마가톨릭에 성인숭배사상이 자리 잡게 된 배경을 살펴볼 필요가 있습니다. 로마사회는 사람이 촘촘한 사슬과 사다리를 통해 최고의 신과 연결된다는 믿음을 가지고 있었습니다. 사람과 최고신을 연결해 주는 수호신들의 역할이 중요합니다. 이게 지상사회에 고스란히 반영되었습니다.

황제를 필두로 하여 촘촘히 짜인 로마사회는 귀족들이 시민들을 보호하는 역할을 했고, 그들의 보호를 받는 피보호자들과 긴밀한 유대를 이루며 살았습니다. 서로마제국이 무너지면서 교회가 로마제국의 중심이 되자 주교들이 눈에 보이는 보호자 역할을 했습니다. 눈에 보이지 않는 보호자 역할을 맡게 된 것이 성인들이었습니다. 순교일이 천상에서 태어나는 날이라고 생각했기에 교회는 그 순교일을 성인의 날로 정하여 매일 성인들의 보호를 받고 그들과 긴밀한 우정을 나누면서 살라고 권했습니다.

사도신경에도 고백하고 있듯이 교회는 '거룩한 공교회'입니다. 로마가톨릭은 자기들 교회가 거룩한 공교회라고 믿습니다. 로마가톨릭이 성인들을 끊임없이 배출하고 있으니 말입니다. 교회가 거룩한 이들을 계속적으로 만들어내고 있으니 로마교회야말로 거룩하다고 말합니다. 그들은 '시성식'(諡聖式)을 거행하는데, 성인이 되는 것은 아주 엄격한 심사과정을 거칩니다. 성인으로 인정되려면 기본적으로 순교를 해야 합니다. 순교를 하지 않았다고 하더라도 뚜렷한 기적이 일어났다면 성인이 될 수 있습니다. 한국천주교회도 수많은 성인을 배출했습니다. 가장 최근의 일로는

2014년에 프란체스코 교황이 한국을 방문하여 123위의 시복식(諡福式)을 베풀었습니다. 성인이 되기 전에 '복자'로 추대하는데, 그다음 과정이 성인이 되는 것입니다. 이렇듯 로마교회는 복자와 성인을 계속해서 양산하고 있습니다.

개신교회에는 왜 성인이 없을까요? 종교개혁은 모든 성인숭배사상을 철폐했습니다. 하이델베르크 교리문답 30문에 보면 다음과 같은 질문이 있습니다. "그렇다면 자신의 구원과 복을 소위 성인에게서, 혹은 자기 자신이나 다른 데서 찾는 사람들도 유일한 구주이신 예수를 믿는 것입니까?" 이 질문에 무엇이라고 답했을 것 같습니까? "아닙니다. 그들은 유일한 구주이신 예수를 말로는 자랑하지만 행위로는 부인합니다. 예수가 완전한 구주가 아니든지, 아니면 참된 믿음으로 이 구주를 영접한 자들이 그들의 구원에 필요한 모든 것을 그에게서 찾든지, 둘 중의 하나만 사실입니다." 이렇듯 개신교회에는 성인이 없고 오직 그리스도만이 있습니다. 우리는 오직 그리스도만을 소망하고 바라봅니다.

외부인이 볼 때는 로마가톨릭에는 성인이 많고, 개신교회에는 성인이 없는 것처럼 보입니다. 로마교회가 개인의 공로를 강조한다면, 개신교회는 그리스도의 은혜를 강조합니다. 우리 개신교회는 공로사상을 철저하게 배격합니다. 우리의 구원과 복은 오직 그리스도의 공로와 은혜로 말미암아 임하기 때문입니다. 개신교인들은 성인이 아니라 성도(聖徒)입니다. 우리는 개인적으로 공로를 쌓아 구원을 얻으려는 것이 아니라 교회 안에서 함께 거룩한 무리로 세워져갑니다. 이렇게 개신교회는 공동체성을 무엇보다 강조하는데 도리어 개인주의를 부추긴다는 인상을 주고 있습니다. 우리는 그리스도와 함께 모든 것을 함께하기 위해 부름받았다는 사실을 잊지 말아야 하겠습니다. 성인의 날이 없어도 우리는 성도들과 함께 얼마든지 거룩을 이루어갈 수 있습니다. 그리스도를 유일한 소망으로 삼는 성도들은 성인들보다 나은 자들입니다. 성도는 매일의 일상이 기적이며, 매일 죽고 삽니다. 우리에게 필요한 것은 성인의 날이 아니라 우리 자신이 매일 구별된 성도로 살아가는 것입니다.

성서일과, 왜 읽을 성경을 정해놓는가?

교회력을 제대로 구현하기 위해 등장한 것이 '성서일과'(聖書日課, Lectionary)입니다. 성서일과는 교회력을 따라 예배할 때에 읽고 설교하기 위한 성경말씀의 목록을 작성한 것입니다. 교회력을 따라 매 주일 읽을 성경본문을 정해놓았습니다. 기독교회의 성경읽기는 유대교 회당으로부터 빌려왔습니다. 회당에서는 매 주일 읽을 성경본문이 정해져 있었고, 그것을 읽고는 회당장을 비롯하여 성경을 해석할 수 있는 사람이 그 성경본문에 대한 간단한 해설을 하였습니다. 우리는 성경을 통해서 이 사실을 확인할 수 있습니다. 예수님은 자라나신 곳 나사렛 회당에 들어가셨는데, 선지자 이사야의 글을 전달받고는 이사야 61장을 펴서 읽으셨습니다. 예수님은 회당예배에 참석한 이들을 향해 이 말씀이 성취되었다고 말씀하셨습니다(눅 4:16-21). 회당에서는 매 예배때 성경말씀을 순서대로 읽었다는 것을 알 수 있습니다. 사도 바울의 경우도 마찬가지였습니다(행 13:13-16). 바로 이런 성경읽기 방식이 기독교회에 도입되었습니다. 이런 읽기를 '연속적 읽기'(Lectio Continua)라고 부릅니다.

중세교회는 다양한 성서일과를 만들어 사용했는데 성인숭배가 성행하면서 교회력과 성서일과가 본래의 모습을 상실하게 되었습니다. 성인들의 생애에 관한 내용을 읽고 말하는 것이 예배를 지배하게 되었습니다. 종교개혁가들은 성인의 날을 다 없애고 교회력을 단출하게 만들면서 성서일과도 배격했고 연속적 읽기로 돌아갔습니다. 개신교회는 성탄절, 부활절, 성령 강림절 등의 주일에만 설교할 본문을 정해놓고 나머지 주일들은 연속적 읽기와 설교를 해 나갔습니다. 한편, 개혁가들은 매 주일 성경을 한 장씩 읽고 설교하는 방식을 즐겨했습니다. 취리히에서 개혁가로 활동했던 츠빙글리는 그로스뮌스터(Grossmünster)에서 마태복음을 순서대로 한 절 한 절 설교하기 시작했습니다. 강해설교의 효시라고 볼 수 있습니다. 칼뱅의 경우 제네바에서 쫓겨났다가 2년 반 뒤에 다시 돌아왔을 때 이전에 설교했던 성경본문 바로 다음 부분을 설교하기 시작했습니다. 연속적 읽기와 설교의 전형입니다.

고대교회가 만든 교회력과 성서일과를 다시금 주목한 것은 스코틀랜드 장로교회였습니다. 19세기 말이 되어 스코틀랜드 장로회에서 예배갱신이 일어나면서 교회력과 성서일과에 주목했습니다. 로마가톨릭도 제2바티칸 공의회(1962–65)를 통해 새로운 성서일과를 제정하였습니다. 교회력을 따라 성경의 중요한 부분을 3년을 주기로 낭독하도록 성서일과를 제정하였습니다. 교회력이 처음 만들어졌을 때의 정신처럼 예수님의 생애과 구속 사역에 초점을 맞춘 성경본문을 배열하였습니다. 첫해는 마태복음을 배치하고, 둘째 해에는 마가복음을 배치하고, 셋째 해에는 누가복음을 배치하였습니다. 예수님의 생애가 끝나는 오순절 성령강림절 이후에는 전 세계로 복음이 전해지고 교회가 확산되어 가는 과정을 기록한 사도행전과 서신서 등을 배치했습니다. 복음의 역사를 보충하기 위해서 연관된 구약성경의 말씀을 배치하였습니다.

개신교회 내에서도 다양한 성서일과가 등장했습니다. 성서일과를 통일해야 한다는 목소리가 힘을 얻어 마침내 1982년에 '개정판 공동 성서일과'가 만들어졌습니다. 이 성서일과는 전통을 따라 3년 주기로 만들었습니다. 주일마다 구약성경, 시편, 서신서, 복음서의 네 본문을 배열했습니다. 시편이 독립적으로 자리를 잡은 것은 다행스러운 일입니다. 시편은 그리스도의 시편이기 때문입니다. 복음서가 마지막에 등장하는 것은 고대교회로부터 복음서 읽기가 모든 성경 읽기의 꽃이었기 때문입니다. 복음서 읽기는 '소입당'(小入堂)이라고 불리기도 했습니다. 복음서 두루마리를 들고 회중 가운데를 돌다가 성경봉독대에서 복음서를 읽는 것은 1부 말씀예배의 절정이었습니다. 이 복음서 내용을 밝히기 위해 구약의 말씀과 시편의 노래와 서신서가 앞장섭니다.

　주일예배에서 교독문 낭독이란 것이 있습니다. 찬송가 뒤쪽에 있는 시편으로 이루어진 아주 제한된 성경구절을 교독합니다. 또한 주일 오전예배의 성경봉독은 목사가 설교할 성경본문의 읽기입니다. 그런데 고대로부터 예배에서의 성경읽기는 성서일과를 읽는 것이었습니다. 우리는 성서일과를 존중하는 것이 좋겠습니다. 교회력과 관련된 성경구절을 확정하여 놓고 따르면 자연스럽게 교회들이 같은 성경구절을 가지고 절기를 축하할 수 있습니다. 성서일과가 교회의 하나 됨을 자연스럽게 이룰 수 있을 것입니다. 이에 교독문 낭독은 성서일과의 성경본문을 가지고 하면 되겠고, 성경봉독은 설교할 본문을 낭독하는 것으로 하면 될 것입니다. 이 둘을 아예 하나로 통합하여 성서일과를 낭독하고 성서일과를 가지고 설교하면 더 효과적일 것입니다. 성경말씀은 너무나 방대합니다. 이에 성서일과에 따라 1년 단위로 성경말씀을 전체적으로 읽고 묵상하는 것이 필요합니다. 목사가 원하는 성경본문만을 가지고 설교한다면 평생을 가도 읽지도, 설교하지도 않을 성경말씀들이 많을 것입니다. 이것은 '오직 성경'(Sola Scriptura)을 외치는 개혁교회로서 민망할 수밖에 없는 노릇입니다. '오직 성경'이 '모든 성경'이라는 것을 안다면 더더욱 민망할 수밖에 없습니다. 이것을 보충하기 위해 개혁교회는 주일 오후예배 시 교리문답에 근거한 성경읽기와 설교를 합니다. 교리문답과 성서일과를 통해 교회는 그리스도의 구속 사역을 분명하게 알고, 하나님의 뜻을 온전하게 이해할 수 있을 것입니다.

절기색깔, 필요한가?

교회에는 다양한 표징이 있습니다. 세례식에서 사용되는 물, 성찬식에서 사용되는 떡과 잔이 필수적인 표징입니다. 교회력의 색깔은 필수적인 것은 아닙니다. 우리는 색깔이라는 표징의 일시적인 성격과 그 한계를 분명하게 알아야 합니다. 그렇지만 이 색깔이라는 표징을 사용하여 절기의 의미에 자연스럽게 다가가도록 하는 시도를 미신적인 것이라고 터부시할 필요는 없습니다. 우리 개혁교회는 로마가톨릭의 보는 예배를 듣는 예배로 바꾸었지만 보는 것을 아예 무시해서는 안 됩니다. 믿음은 복음을 듣는 것에서 나오지만 우리는 색채나 장식을 적절히 잘 활용하여 그리스도의 구속 사역을 풍성하게 누릴 수 있습니다. 우리는 특정 공간에서 예배하고 교회력을 누리기 때문입니다. 하나님은 아름다움을 터부시하지 않으십니다. 우리는 색채를 통해서도 하나님이 행하신 구원의 역사를 축하할 수 있습니다.

교회가 변하는 절기를 분명하게 알고 누리도록 각 절기마다 구별된 색깔을 정했습니다. 강단 위에 늘어놓는 천이나 장식품, 그리고 예복의 색깔을 통해서 변하는 절기를 나타내기도 합니다. 처음부터 절기에 특별한 색깔을 사용한 것이 아니라 이 색깔 사용은 비교적 후대의 일입니다. 절기 때 처음부터 사용한 색깔은 흰색이었습니다. 특히 그리스도의 부활절에는 흰색이 너무나 잘 어울린다고 생각했습니다. 12세기에 성령 강림절에 붉은색을 사용하기 시작했지만 중세시대에는 색깔에 대한 일률적인 체계나 통일성이 없었습니다. 지금은 로마가톨릭과 루터교회, 영국성공회에서 교회력 색깔이 거의 통일되어 있습니다.

교회력 색깔은 그렇게 복잡하지 않습니다. 기본적으로 흰색, 빨간색, 녹색, 보라색의 네 가지 색깔로 구성되어 있습니다. 교회력 흐름에 따라 색깔이 어떻게 바뀌는지 확인해 보기 바랍니다. 대림절 기간과 크리스마스 이브까지(보라색)-크리스마스 이브부터 주현절까지(흰색)-사순절 기간

(보라색)-성령 강림절 이전까지의 부활절 전 기간(빨간색)-삼위일체 주일(흰색)-평상절(녹색). 성찬식을 거행하거나 예배당에서 결혼식과 장례식을 거행할 때도 절기에 해당하는 색깔을 그대로 사용합니다.

교회력 색깔은 목사의 예복과도 연관이 있습니다. 개신교회의 목사가 로마가톨릭 신부처럼 로만 칼라(Roman Collar)를 하는 것을 어떻게 생각합니까? 요즘에는 개신교회 일부 교단에서는 로만 칼라와 비슷한 종류의 셔츠를 만들어 입기도 합니다. 잉글랜드에서 종교개혁이 일어나면서 목사의 복식논쟁(服飾論爭)이 일어났습니다. 예복 자체를 입지 않아야 한다는 것으로부터 시작하여 어떤 예복을 입는 것이 좋은가에 관한 논쟁이었습니다. 종교개혁자들이 목사의 예복을 아예 반대한 것은 아닙니다. 로마가톨릭에서는 성직자의 예복을 통해 그들의 위계질서를 분명하게 나타내 보였습니다. 이에 개혁자들은 당시 법관 등이 입는 검고 수수한 예복을 목사복으로 선호했습니다. 요즘 목사들이 보통 검은색 예복을 입는데, 여름에는 흰색 예복을 입기도 합니다. 교인들은 이것이 계절복이라는 생각을 하기 쉽습니다. 검은색 예복은 동복이고, 흰색 예복은 하복이라고 생각합니다. 그런데 흰색 예복은 하복이 아니라 사실은 절기를 위한 것입니다. 가운 위에 걸치는 스톨(Stole)의 색깔을 통해 지금이 어떤 절기인지 나타내 보입니다.

교회장식에 대해서도 생각해볼 필요가 있습니다. 강단꽃꽂이가 대표적입니다. 매 주일 강단꽃꽂이를 하는 경우가 있습니다. 재정이 많이 들 것입니다. 성도 중 누구라도 기꺼이 자원하여 봉사하고 헌물까지 한다면 문제가 되지 않겠지만 말입니다. 꽃꽂이할 돈이 있으면 구제에 사용해야 한다고 말하는 이들도 있습니다. 강단 주위나 예배당을 화려하게 장식할 필요는 없지만 절기에 맞는 적절한 장식은 해도 됩니다. 여기서도 중용의 태도가 필요한데 너무 화려한 것은 삼가야 할 것입니다. 매주 꽃꽂이하기가 힘드니까 강단에 조화(造花)를 올려놓는 경우도 있습니다. 조화를 올려놓을 바에는 아예 장식을 하지 않는 것이 좋지 않을까 생각해봅니다.

특정 장식을 통해 교회력 색깔을 나타내기가 힘들고 거추장스럽다면 목사 자신이 교회력 색깔을 구현할 수도 있습니다. 구약시대 선지자들은 하나님으로부터 받은 말씀만이 아니라 그들의 삶이 계시의 도구가 되기도 했습니다. 선지자 예레미야가 토기장이로부터 토기 하나를 사서 던져 깨뜨린 것이라든가, 선지가 호세아가 하나님의 명령대로 음란한 여인과 결혼한 것 등이 대표적입니다. 이제 더 이상 이런 행위계시는 없을 것입니다. 하나님께서는 말씀을 통해 역사하시기 때문입니다. 그런데 목사가 절기에 해당하는 색깔의 넥타이를 하는 것을 생각해 볼 수 있습니다. 항상 맞출 수는 없겠지만 넥타이를 통해 특정 절기의 의미를 드러내는 것도 나쁘지 않겠다는 생각을 해 봅니다. 목사가 주목받기 위해 하는 것이 아닙니다.

Q. 평상절이란 무엇을 가리키며, 이 평상절에 묵상하기에 좋은 성경구절을 말해 봅시다.

Q. 개신교회에 성인의 날이 없는 이유가 무엇이고, 우리의 거룩이 어떻게 이루어지는지 나누어 봅시다.

Q. 성서일과(3년 주기 – www.commontexts.org/rcl/download/)를 확인해 보고 성경 전체를 구속사적으로 묵상하는 계기로 삼아 봅시다.

Q. 절기색깔로 목사의 가운이나 강단 꽃꽂이 등 교회를 장식하는 것이 바람직할까요?

제5장
기념·감사주일들

제5장
기념 · 감사주일들

어린이(어버이)주일, 왜 지키나?

5월을 흔히들 가정의 달이라고 부릅니다. 국가에서 5월 5일을 어린이날로, 5월 8일을 어버이날로 지정했기 때문입니다. 어린이날은 법적 공휴일로 지정이 되었습니다. 매일이 어린이 날인데 특정한 날을 공휴일로 잡는 것이 무리한 것이라고 말하는 이들이 많습니다. 어린이들은 그 날을 선물받는 날로 생각해 자신들이 원하는 선물을 사 달라고 졸라대니 말입니다. 대신에 어버이날은 왜 공휴일이 아니냐는 소리가 드높습니다. 부모공경이 경시되는 시대이니 어버이날을 공휴일로 해야 하지 않느냐는 것입니다. 그런데 어버이날을 공휴일로 하는 것을 반대하는 이들도 많습니다. 며느리 입장에서는 시댁과 친정을 한꺼번에 방문해야 하는 힘겨운 날이 될 테니 말입니다.

한국 교회는 5월 첫째 주일을 어린이주일, 둘째 주일을 어버이주일이라고 부르며 지킵니다. 교회회의를 통해서 어린이주일, 어버이주일을 제정한 적은 없지만 이것이 전통이 되었습니다. 어린이주일에는 주로 어린이의 입장을 고려한 설교를 합니다. '어린이를 무시해서는 안 된다, 자녀를 말씀으로 잘 양육해야 한다'는 설교를 많이 합니다. 어버이주일에는 십계명의 제5계명인 "네 부모를 공경하라. 그리하면 네 하나님 여호와가 네게 준 땅에서 네 생명이 길리라"(출 20:12)는 말씀을 설교하는 주일입니다. 이게 조금 더 발전하여 5월 셋째 주일을 '부부주일'로, 넷째 주일은 '가정주일'로 지키기도 합니다. 5월 전체를 가정과 관련된 주일로 만듭니다.

어린이주일, 어버이주일을 제정하는 것이 합당할까요? 주일에 '어린이'와 '어버이'라는 명칭을 붙이는 것이 합당한지를 묻는 것입니다. 특정한 목적을 가진 주일을 제정하면 분명한 목적을 가지고 모여 예배할 수 있으니 좋다고 생각하는 분들이 많을 것입니다. 어린이주일이라고 해서 어린이를 섬기는 주일이라고 생각하는 이들은 없을 것입니다. 어버이주일이라고 해서 부모를 떠받드는 날이라고 생각하는 이들도 없을 것입니다. 우리는 주일의 의미를 분명하게 해야 합니다. 그렇지 않으면 주일이 온갖 인간적인 축하와 기념의 날들로 변질될 것입니다. 주일은 말 그대로 주의 날, 즉 주님이 부활하신 날입니다. 주일은 교회력에 근거하여 삼위 하나님의 구원역사와 관련된 절기와 날 외에 다른 그 어떤 것을 축하하는 날로 만들지 않는 것이 좋습니다. 주님의 부활을 기뻐하고 축하해야 하는 날인데, 어린이를 축하하고 어버이를 축하하는 것은 문제가 있습니다.

한 주일만이라도 어린이를 배려하고, 어버이를 높이는 것이 뭐가 문제가 되냐고 말할 것입니다. 주님을 기뻐하고 주님과 교제하는 것 외에 다른 것들이, 다른 존재들이 주일의 중심에 자리를 잡는 것이 합당한지 고민해야 합니다. 굳이 5월에 가정의 중요성에 대해서 생각하기를 원한다면 어린이 주간, 어버이 주간, 부부 주간 등의 명칭을 사용하면 될 것입니다. 주일에는 가급적이면 구속역사와 관련된 명칭, 즉 교회력에 따른 명칭을 사용하는 것이 합당합니다. 이런 면에서는 우리 개신교회보다는 로마가톨릭이 훨씬 더 엄격합니다. 로마 교회는 교회력에 따른 절기를 대축일이라고 부릅니다. 그리고 구속역사로부터 파생하는 날들은 대축일과 구별하여 무슨 무슨 주일이라는 명칭을 사용합니다. 이것도 아주 엄격하게 제한합니다. 성인의 날을 무수히 만든 것은 문제가 되지만 로마교회가 우리 개신교회보다 축일에 대해 더 분명한 한계를 둡니다.

우리는 언약의 자녀에 대한 분명한 태도를 가져야 하겠습니다. 우리는 모든 주일에 어린이를 배려해야 합니다. 어린이주일만이 아니라 모든 주일에 함께 예배하는 것이 매 주일을 어린이주일로 만드는 것이 될 것입니다. 우리는 매 주일마다 어린이가 되어야 할 것입니다. 예수님이 친히 하신 말씀을 깊이 새겨야 할 것입니다.

"내가 진실로 너희에게 이르노니 누구든지 하나님의 나라를 어린아이와 같이 받들지 않는 자는 결단코 그곳에 들어가지 못하리라"(막 10:15).

예외가 없다는 말씀이 아닙니까? 신자는 항상 어린아이

와 같은 입장에 서야 한다는 뜻입니다. 우리는 늘 하나님으로부터 받는 입장에 서야 합니다. 웃기는 소리 같지만 모든 예배는 어린이예배입니다.

부모의 자리에 대해서도 깊이 생각해야 하겠습니다. 우리는 주일예배시 십계명을 낭독하면서 제5계명을 새기면 좋겠습니다. 네 부모를 공경하라는 말씀이 예배 때마다 울려 퍼지도록 해야 합니다. 개혁주의에서는 부모를 공경하라는 제5계명이 하나님께서 세우신 모든 권위에 순종하라는 계명이라고 해설합니다(하이델베르크 교리문답 104문). 그렇다면 5월에 있는 스승의 날도 바로 이 제5계명에 포함된다고 하겠습니다. 우리는 특정 주일이 아니라 매 주일 언약에 근거하여 자녀양육과 부모공경을 끊임없이 가르쳐야 하겠습니다. 가능하면 모든 세대가 함께 예배하는 것이 제일 좋은 방법일 것입니다.

한국 전쟁, 어떻게 기념할까?

6월을 흔히들 호국보훈(護國報勳)의 달이라고 부릅니다. 6월 6일이 현충일이고, 6월 25일이 한국 전쟁이 일어난 날이기 때문입니다. 그런데 6월 25일과 가까운 주일에 한국 전쟁을 기념하는 것이 좋을까요? 주일에, 특히 공예배에서는 그런 사건에 대해 아예 언급하지 않는 것이 좋을까요? 주일에 공산주의가 얼마나 무자비한 체제인지를 언급하면 안 될까요? 공산주의가 종교를 인정하지 않기에, 북한의 지도자를 신처럼 떠받들기 때문에 우리는 하나님께서 사탄의 나라를 무너뜨려 주시고 그리스도의 나라가 임하게 해 달라고 기도할 수 있습니다. 우리는 '기독교의 모든 필요를 구하는 기도'에도 언급되어 있듯이 '하나님의 거룩한 이름과 사람들의 구원을 바라는 것보다 자신의 명예와 유익을 도모하는 모든 거짓 선생들, 잔인한 이리들, 삯꾼들을 멸망시켜 주옵소서'라고 기도할 수 있습니다. 멸망받아야 할 거짓 선생들에는 정치지도자들만이 아니라 종교지도자들도 포함됩니다.

어린이(어버이)주일과 마찬가지로 주일에 그리스도를 기념하는 것이 아니라 민족사의 특정한 사건을 기념하는 것은 바람직하지 않습니다. 그렇더라도 6월 25일과 가까운 주일에 목사가 설교를 통해 공산주의가 악하다는 것을 설교할 수 있을 것입니다. 공산주의가 인권을 유린할 뿐만 아니라 기독교인들을 핍박하고 죽이기 때문입니다. 그렇다고 설교가 공산주의를 정죄하면서 동시에 민주주의 체제를 찬양하는 장으로 전락해서는 안 됩니다. 복음은 민주주의와 동일한 것이 아니기 때문입니다. 민주주의는 공산주의와 비교할 수 없이 탁월한 것이지만 복음을 짓밟기도 합니다. 민주주의도 인본주의이기에 말 그대로 사람의 영광을 추구하는 것이기 때문입니다. 우리는 주일에 예배하면서 인간적인 이념과 주의를 찬양해서는 안 됩니다. 교회는 민족을 배반해야 할 때도 있습니다. 민족주의만큼 무서운 우상숭배가 없기 때문입니다.

8월로 넘어가 봅시다. 8월에는 광복절이 있습니다. 자연스럽게 일본을 생각할 수밖에 없는 날입니다. 광복절에는 교회에서도 '대한독립만세'를 외치면 얼마나 좋을까라고 생각하는 분들이 있을 것입니다. 물론, 삼일절이 있기 때문에 그날에 대한독립만세를 마음껏 외치면 될 것입니다. 광복절이 가까운 주일에 우리 민족이 일제로부터 해방된 것을 기뻐하며 기념하는 것이 바람직할까요? 도둑같이 온 해방이라는 말이 있듯이 우리가 노력해서 광복을 이룬 것이 아니라 외부의 힘에 의해서 광복이 왔고, 그래서 외세에 의해 남북이 나뉘게 되었습니다. 그럼에도 일제로부터 해방된 것이 하나님의 도움이라고 생각하면서 주일에 하나님께 감사하는 시간을 가지는 것이 좋겠다고 생각하는 분들이 있을 것입니다.

민족사와 관련된 중요한 날들을 교회가 어떻게 기념할 수 있을까요? 예를 들어, 유럽에서는 제1차 세계대전이 끝난(1918년) 11월 11일 오전 11시에 전쟁기념비에 헌화하고 2분 동안 묵념의 시간을 가졌습니다. 이후에 제2차 세계대전이 끝나고 난 다음에 교회는 양차세계대전이 끝난 것을 기념하여 11월 11일과 가까운 주일에 '기억주일'(Remembrance Sunday)을 지킵니다. 영연방국가들에서는 지금도 이 주일을 지키고 있습니다. 우리는 어떻게 하는 것이 좋을까요? 우리는 기도회를 가질 수 있습니다. 교회는 영적인 기관이기에 태극기집회와 같은 특정 이데올로기에 이용당해서는 안 됩니다. 그렇지만 신자도 대한민국 사람이기 때문에 한국 전쟁일에 기도회로 모일 수 있습니다. 앞으로는 다시금 이런 비극이 일어나지 않도록, 전쟁이 일어나지 않도록 하나님께서 도와주실 것을, 정치지도자들에게 지혜를 주실 것을 기도할 수 있습니다. 삼일절과 광복절에도 기도회를 가질 수 있습니다. 신자는 누구보다 민족을 사랑하는 사람일 수밖에 없으니 말입니다.

교회는 허공에 세워진 것이 아니라 민족과 나라 가운데 구체적으로 뿌리를 내려야 교회입니다. 어떤 교회이든지 민족사와 관련이 없을 수 없습니다. 공예배 시에 나라와 민족을 위해 기도할 수 있고 나라와 민족을 사랑하자고 설교할 수도 있습니다. 하지만 예배당에 태극기를 걸어두고, 공예배 시에 애국가를 부르는 것 등은 바람직하지 않습니다. 타민족의 기독교인이 그런 예배당, 그런 예배에서 하나님의 한 백성임을 느낄 수 있겠습니까? 기독교인은 누구보다 애국자가 되어야 한다는 것은 불문가지(不問可知)의 사실입니다. 하지만 교회는 민족을 위한 교회일 뿐만 아니라 온 세상을 위한 교회입니다. 교회가 민족주의에 매몰되어서는 안 됩니다. 교회와 신자는 증오심을 부추겨서는 안 되며, 회개와 용서를 선포해야 합니다. 삼위 하나님 예배는 가장 민족적이면서 동시에 범세계적이어야 합니다. 교회는 민족의 아픔에 동참해야 할 뿐만 아니라 세상 전체가 하나의 민족이 되도록 끌어안아야 합니다.

맥추감사주일, 지켜야 할까?

한국사회는 전통적으로 농경문화 속에서 살았습니다. 한

국인이 대표적으로 지키고 있는 고유절기가 추석입니다. 자연스럽게 한국 교회도 농사와 관련된 절기를 적극적으로 수용했습니다. 대표적인 것이 바로 7월 첫째 주일에 지키는 '맥추감사주일'입니다. 맥추(麥秋)라는 이름, 즉 보리라는 이름을 달고 있지만 사실은 밀을 추수하는 것을 기념하고 축하하는 절기입니다. 이제는 농사가 위축되어 있기도 하고, 밀농사를 거의 하지 않고 있습니다. 보리도 마찬가지입니다. 우리는 주로 쌀농사를 하고 있습니다. 쌀농사는 가을에 있기 때문에 맥추감사주일이라는 이름이 마음에 크게 와 닿지 않는 것이 사실입니다. 도시민들이 맥추감사주일을 지키면서 무슨 생각을 할까요?

맥추감사주일이 성경적인 기원을 가지고 있다고 말하는 것은 이스라엘 자손들이 지켰던 오순절을 생각하면서 하는 말입니다. 오순절은 50일을 가리키기 때문에 농사와 크게 관련이 없어 보이지만 이 50일이 무엇을 의미하는지를 알면 고개가 끄덕여질 것입니다. 50일의 시작은 유월절입니다. 더 구체적으로 말하자면 유월절이 시작되는 아빕월 14일 다음 날인 무교절이 시작되는 '초실절'(레 23:9-14)로부터 50일째입니다. 이 초실절에 이스라엘 자손들은 땅이 낸 첫 보리 이삭 한 단을 하나님께 흔들어 드렸습니다. 유월절은 이스라엘 자손이 애굽으로부터 해방된 절기일 뿐만 아니라 하나님께서 자기 백성에게 먹을 것을 주시는 것을 기뻐하는 절기였습니다. 하나님의 구원은 정치적인 것, 경제적인 것에만 국한된 것이 아니라 총체적인 구원입니다.

초실절에 이삭 한 묶음을 하나님께 드리고는 이스라엘 자손들이 곡식에 낫을 대기 시작합니다. 보리 이삭에 낫을 대기 시작한 날로부터 시작하여 50일째가 되면 봄의 첫 보리 이삭이 여름의 밀 추수가 절정에 달합니다. 사실, 50일 자체가 아니라 7주간을 계산합니다. 초실절로부터 7주간을 계산하는데, 7주간이기에 '칠칠절'이라고 부릅니다. 7주간은 날수로는 49일입니다. 그다음 날이 바로 50일째이기에 '오순절'입니다. 7주간은 점차로 이삭이 많아지고 풍성해지는 기간입니다. 50일째가 절정입니다. 오순절이 되면 밀 추수가 절정에 달하기 때문에 누룩을 넣어 구운 떡 두 덩이를 하나님께 바칩니다.

칠칠절, 오순절에는 먹을 것이 풍성합니다. 초실절로부터 시작된 땅에서 나는 이삭이 이제는 여름으로 접어들면서 밀의 추수로 절정에 이르렀기 때문입니다. 그때가 바로 오순절입니다. 이제는 먹을 것으로 인해 걱정할 필요가 없습니다. 보릿고개가 지나갔습니다. 땅이 내는 풍성한 열매를 누릴 수 있게 되었습니다. 먹을 것만 풍성해진 것이 아닙니다. 경제적으로만 풍성해진 것이 아닙니다. 하나님께서는 오순절 성령 강림을 통해서 그리스도께서 이루신 구속 사역을 자기 백성들에게 풍성하게 적용시키십니다. 땅이 내는 열매가 궁극적으로 보여주는 것이 바로 하늘로부터 내리는 열매라는 것이 드러납니다. 이제는 영육간에 풍성합니다.

우리가 지키는 맥추감사주일이 오순절의 성취일까요? 그렇지는 않습니다. 오순절의 성취는 오순절 성령 강림입니다. 성령 강림절이 오순절, 맥추감사절의 성취입니다. 그렇다면 맥추감사주일은 지킬 필요가 없는 것일까요? 농경 문화를 벗어났기 때문에 맥추감사주일이라는 것이 어색하기도 하고 말입니다. 한국 교회는 7월 첫째 주일을 맥추감사주일로 지킵니다. 이때에 보리라든지 밀을 추수하는 것이 아닙니다. 명칭만 맥추감사주일을 달고 있을 따름이지 상반기를 결산하는 측면이 강합니다. 한 해의 절반이 지날 때까지 하나님께서 함께하시고 도우신 것을 감사하자는 의미입니다. 그러면 다른 명칭을 찾아야 할지 모르겠습니다.

맥추감사주일이 구약 오순절기의 성취가 아니라면 굳이 지킬 이유가 있을까요? 감사헌금을 한 번 더 하도록 만들려는 것이 아닌가 하는 의문을 제기할 수도 있습니다. 맥추감사주일은 그리스도의 사역과 관련된 교회절기가 아니기 때문입니다. 종교개혁자들은 로마교회가 부패시킨 교회절기를 단촐하게 만들었습니다. 개혁자들은 하나님의 백성들이 그리스도의 구속 사역을 분명하게 알고 누리는 것에 집중했다. 그럼에도 개혁자들은 '감사일'을 만들었습니다(예배지침 제7장). 개혁자들은 주일만이 아니라 주중에 모여서 하나님께서 함께해 주시는 은혜를 감사했습니다. '금식일'도 만들었습니다. 맥추감사주일을 감사일의 일종으로 생각하면 됩니다. 감사일이 지나치게 많아지면 중세교회처럼 형식적이고 미신적인 것이 될 수 있습니다. 하지만 개인적인 감사를 넘어 공적으로 함께 감사하는 날을 가지는 것은 문제되지 않습니다.

교단기념주일들, 왜 제정할까?

모든 교회는 세상 속에 존재하기에 사회기념일, 민족기념일들을 지키려고 할 수 있습니다. 앞에서 언급했던 어린이주일이라든지, 한국전쟁기념주일 등입니다. 그런데 우리는 주일과 예배에 특정 이념과 목적을 담아서는 안 됩니다. 주일은 오직 그리스도께서 부활하신 것을 축하하면서 삼위 하나님께 예배하고 하나님의 백성들이 함께 기뻐해야 하기 때문입니다. 이 주일을 통해 지역적으로 나누어진 교회가 그리스도의 몸인 큰 교회, 즉 공교회가 됩니다. 요즘같이 전 세계를 자유롭게 왕래할 수 있는 상황에서는 다른 민족, 다른 나라의 주일예배에 참여하는 것이 흔합니다. 그때 한 교회, 한 예배에 참여하고 있다는 것을 느끼는 것이 중요합니다. 우리의 주님이 한 분이시고, 우리가 한 교회에 속해 있다는 것을 경험할 수 있습니다. 주일에, 예배에 참여하면서 분열됨을 경험한다면 문제입니다.

종교개혁자들이 눈에 보이는 교회와 눈에 보이지 않는 교회를 나눈 것은 로마교회가 자신들을 유일한 교회라고 주장했기 때문입니다. 우리의 믿음은 눈에 보이지 않고, 성례를 자동적인 구원의 도구로 생각한 로마교회가 아니라 눈에 보이지 않는 우주적인 교회에 가입한 신자가 참 신자라는 뜻입니다. 모든 신자는 지역교회의 회원이 되어야 합니다. 지역교회들은 하나의 교단(教團)을 이루어서 교회의 공교회성을 고백합니다. 교회의 치리회로는 개체교회의 당회, 개체교회들의 지역치리회인 노회, 그리고 그 교회들의 나라 전체 치리회인 총회로 구성됩니다. 당회는 개체교회의 회원을 다스리는 상설치리회이고, 노회는 노회에 속한 모든 목사들과 산하 개체교회들을 치리하는 상설치리회입니다. 총회는 상설치리회가 아니라 신학교를 운영하고, 노회를 편성하고, 개체교회들이 교리와 예배와 교회정치에서 하나 됨을 이루기 위해 노력하는 모임입니다.

교단이라는 용어는 일제 강점기에 일제가 사용한 용어였기 때문에 사용하지 말자는 주장이 있습니다. 대신에 총회라는 말을 사용하자고 주장합니다. 총회는 개체교회들을 하나 되게 하는 중요한 목적을 가지고 있는 가장 넓은 회입니다. 상회(上會)라는 말을 사용하지만 광회(廣會)라고 불러도 됩니다. 장로교정치는 상회, 혹 광회의 결정이 하나님의 말씀에 부합하는 한 개체교회들이 권위있는 것으로 받아야 합니다(웨스트민스터 신앙고백서 31장 2항). 하지만 총회는 교회가 아닙니다. 우리는 교회를 표현하기 위해 00총회라고 말하기보다는 00교단, 아니면 그냥 00교회라고 말하면 될 것입니다. 노회, 총회로 모여서 해야 하는 일은 교회를 하나

되게 하는 것입니다. 교리와 예배와 교회정치로 하나 되게 하는 것입니다. 그래야 말 그대로 교단이 됩니다. 교단에 속한 모든 개체교회에서 회원이 동일한 고백을 하고, 동일한 예배를 하고, 동일한 다스림을 받아야 합니다. 하나님은 무질서의 하나님이 아니라 질서의 하나님이시기 때문입니다 (고전 14:33).

개체교회 단위에서 하기 힘든 복음사역은 노회단위로 힘을 모아서 해야 할 것입니다. 노회단위로 할 수 없는 일은 총회로 모여서 논의하고 교단 교회들이 이것을 위해 마음을 모아야 할 것입니다. 그 대표적인 일이 신학교 운영입니다. 자매관계를 정하고 그 교회들과 교류하면서 현대에 직면한 문제들을 함께 대응하고 풀어가는 것도 꼭 필요합니다. 그 외에도 하나 된 고백, 하나 된 예배, 하나 된 다스림하에 있는 교회들이 한마음으로 복음사역을 위해 협력해야 합니다. 현대사회가 급속도로 바뀌고 있고, 사탄이 간교하게 활동하고 있기에 함께 대처해야 합니다. 주님께서는 이렇게 하나 되어 일하는 것이야말로 전도의 가장 효과적인 길이라고 말씀하셨습니다(요 17:21). 대형교회의 필요성을 거대한 사업에서 찾는 이들이 있지만 교단적으로 힘을 모아 하는 것이 가장 바람직합니다.

문제는 총회가 복음사업을 위해 이런 저런 목적의 주일을 많이 만드는 것입니다. 예를 들면 교단창설주일, 농어촌주일, 이단경계주일, 군선교주일, 북한선교주일, 신학교주일, SFC주일 등입니다. 기타 총회 산하의 여러 기관들도 사업을 위해 후원해 달라고 청원하곤 합니다. 이런 주일을 제정하고 청원을 요청하는 이유는 그 특정한 복음사역을 위해 교회가 기도해 달라는 것이고, 주일 예배시간에 그 목적을 위해 헌금해 달라는 것입니다. 복음사역이 아무리 영적인 일이라고 하더라도 돈이 드니 말입니다. 개체교회에서는 교단이 정한 무수한 특정주일을 지키고, 그 주일에 헌금을 해야 해서 어려움을 겪습니다. 어린이(어버이)주일 등과 마찬가지로 교단의 특정한 사역을 위해 특정주일들을 지나치게 많이 제정하는 것을 재고하는 것이 좋겠습니다. 제안하건대 '교단창설주일'을 '교단주간'으로 명칭을 바꾸고, 1년에 딱 한 번, 그 주간의 주일에 모든 개체교회들이 교단을 위해 기도하고 힘껏 헌금하여 복음사역에 사용하면 좋겠습니다.

종교개혁기념주일, 왜 지키나?

교파를 떠나 개신교회 전체가 기념하는 주일이 있습니다. 종교개혁기념주일입니다. 개신교회는 10월 마지막 주일을 종교개혁기념주일로 지킵니다. 10월 마지막 주일을 종교개혁기념주일로 지키는 이유는 독일의 종교개혁자 마틴 루터(Martin Luther)가 1517년 10월 31일에 자신이 교수로 봉직하고 있던 비텐베르크 성곽교회 정문에 면벌부를 반대하는 95개조 반박문을 내건 것에 기인합니다. 종교개혁은 돈을 주고 구원을 사고, 형벌을 줄이려는 노력을 정죄했습니다. 종교개혁은 모든 업적과 공로를 내던지고 오직 그리스도를 자랑했습니다. 개신교회는 이날을 종교개혁의 시작일로 기념합니다. 루터 자신은 종교개혁을 시작한다는 의식이 전혀 없었음에도 불구하고 말입니다.

종교개혁기념주일은 개신교회의 출발을 생각해보는 날입니다. 그런데 '그리스도의 구속 사역과 직접적으로 관련이 없는 날을 지킬 수 있는가?'라는 근본적인 질문을 해 보아야 합니다. 로마가톨릭에서는 삼위일체 주일 등을 이념주일이라고 부르면서 그리스도의 구속 사역을 기념하는 대축일과도 구분합니다. 그리스도의 구속 사역으로부터 파생

되어 나온 어떤 교리를 기념하기 위한 주일이기 때문에 부활절, 성탄절과는 다르게 취급합니다. 그런데 개신교회는 왜 종교개혁기념주일을 지킬까요? 종교개혁기념주일은 교회의 분열을 조장하는 것이 아닐까요? 그렇지 않습니다. 종교개혁은 거짓된 교회로부터 나와서 참 교회를 세운 운동이었기에 겉으로 보면 분파주의 운동처럼 보이지만 성령의 능력으로 참 교회를 세운 것입니다.

종교개혁기념주일은 주일의 원래 의미를 되새기는 날이기도 합니다. 종교개혁은 분파운동이 아니라 복음의 원래 정신으로 돌아가자는 운동이었기 때문입니다. 종교개혁은 한마디로 말해서 그리스도께서 우리의 모든 것임을 고백하는 운동이었습니다. 종교개혁은 중세교회의 공로사상이 아닌 오직 은혜를 회복했습니다. 굳이 공로를 말한다면 그리스도 외에 우리의 공로가 없다고 고백했습니다. 주일이 바로 이 그리스도를 기뻐하는 날입니다. 그래서 종교개혁기념주일은 특별한 주일이 아닙니다. 우리는 매 주일 종교개혁의 정신으로, 즉 성경의 정신으로 그리스도의 부활을 기념해야 합니다.

작금에 우리 한국 교회는 종교개혁의 의미를 깊이 새겨

야 하는 상황에 처해 있습니다. 개신교회가 중세말의 로마가톨릭과 크게 다르지 않은 상황에 처해 있기 때문입니다. 종교개혁기념주일은 우리의 현실을 호도하는 날이 될 수 있습니다. 이것을 조심하면서 우리는 프로테스탄트(Protestant)라는 이름답게 저항하는 교회가 되어야 하겠습니다. 여기서 말하는 저항은 모든 거짓복음에 대한 저항입니다. 교회가 오히려 거짓복음을 선포하고 있지 않은지 돌아보아야 합니다. 물질을 숭상하는 것 말입니다. 또한 로마가톨릭과 마찬가지로 공로주의에 물들어 있는 것 말입니다. 하나님께 무언가를 바치고, 그 댓가로 보상을 기대하는 것은 종교의 일반적인 현상이지만 개신교회에도 깊숙이 자리 잡고 있습니다.

우리는 종교개혁기념주일에 로마교회가 비판하던 바로 그 분파주의에 물들고 있지 않은지 돌아보아야 하겠습니다. 한국 개신교회가 사도신경에서 고백하고 있듯이 '거룩한 공교회'를 믿고 있는지 자성해야 한다는 말입니다. 우리는 세계선교사에서 유례를 찾아보기 힘든 한국 교회의 성장에 자부심을 가졌습니다. 그것이 우리의 독특한 열심에서 나온 것이라고 생각했습니다. 그렇지 않습니다. 한국 교회의 성장은 다른 것이 아닌 고백에 충실하였기 때문입니다. 한국에 온 선교사들이 교리에 대해 크게 관심을 가지지 않았다고 하지만 정도의 차이입니다. 그들 대부분은 부흥운동의 영향을 받았지만 그리스도에 대한 분명한 고백을 가졌고 가르쳤습니다. 작금에 한국 교회는 이런 교리로부터 벗어나 번영신학이나 신비주의에 물들고 있습니다. 교회가 거룩한 공교회로부터 벗어나고 있습니다. 종교개혁기념주일에 우리는 정통신학과 정통신앙, 즉 오직 그리스도로 돌아가야 하겠습니다.

종교개혁기념주일이 있는 10월에 우리는 종교개혁의 5대 '오직'을 다시금 깊이 새겨야 하겠습니다. 5대 '오직'을 10월의 매 주일에 하나씩 설교하는 것도 좋겠습니다. '오직 성경'으로부터 시작하여 '오직 하나님께 영광이'를 설교하는 것입니다. 오후에는 그 오직들을 가지고 성경공부하면서 실생활에 적용하면 좋겠습니다. 종교개혁을 기념하는 것은 우리의 우월감을 내세우기 위한 것이 아니라 거룩한 공교회로 서기 위한 겸손한 간구입니다. 로마가톨릭을 공격한다고 해서 우리가 거룩한 공교회가 되는 것이 아닙니다. 종교개혁기념주일을 지킨다고 해서 우리 개신교회가 자동적으로 거룩한 공교회가 되는 것이 아닙니다. 개혁이 우리의 목표가 아니라 오직 그리스도를 붙잡을 때 개혁은 은혜로 주어질 것입니다.

추수감사주일, 추석과 다른가?

한국 교회는 11월 셋째 주일을 추수감사주일로 지킵니다. 우리가 왜 11월 셋째 주일을 추수감사주일로 지킬까요? 추수감사주일은 유대인의 절기였던 '초막절'의 성취라고 말하는 이들이 있습니다. 유월절은 부활절로 성취되었고, 오순절은 오순절 성령 강림절로 성취되었지만 가을추수인 초막절을 성취하는 절기는 없습니다. 미래의 최종적인 추수를 향해 열려있는 절기입니다. 그렇다면 추수감사주일을 지키는 이유는 무엇일까요? 우리 한국은 농경문화 속에 있었기에 가을에 추수하여 하나님께 감사하는 것이 합당합니다. 이제는 산업화로 인해 농경문화가 사라졌는데 왜 굳이 추수감사주일을 지켜야 하느냐고 문제제기하는 이들도 있습니다. 그리고 왜 하필 11월 셋째 주일이냐고 말합니다. 이것은 미국 선교사들의 영향 때문입니다. 미국 선교사들은 자국에서 지키던 추수감사절을 한국 교회에 이식했습니다.

신대륙 미국에서 추수감사절이 시작된 상황은 잘 알려져 있습니다. 잉글랜드의 청교도들은 잉글랜드에서 분리주의자로 취급을 받아 박해를 받았습니다. 청교도들은 잉글랜드교회가 로마가톨릭의 지배로부터 벗어나 국왕(헨리8세)을 교회의 수장으로 한 영국국교회를 따르려고 하지 않았습니다. 잉글랜드교회는 로마가톨릭이 행했던 수많은 교회축일들을 줄였지만 급진개혁파였던 청교도들은 부활절과 성탄절을 포함하여 모든 교회축일들을 없애려고 했습니다. 대신에 하나님의 섭리 속에 일어나는 큰 재앙이나 큰 축복의 사건을 경험하면서 금식일과 감사일을 제정하여 지키려고 했습니다.

스튜어트(Stuart) 왕가는 이런 청교도들을 교회질서를 명분으로 크게 핍박하기 시작했습니다. 이에 청교도들은 1620년에 신앙의 박해를 피해 잉글랜드의 사우샘프턴에서 메이플라워호를 세내어서 타고 신대륙 메사추세츠 플리머스에 도착하여 식민지를 건설했습니다. 신대륙으로 이주해 간 이들 중에 네덜란드로 먼저 이주해 간 이들이 있었습니다. 그들은 1608년부터 1620년까지 네덜란드 레이던에 정착하여 생활했지만 그곳 생활에 만족하지 못했습니다. 신앙의 자유를 얻었지만 네덜란드가 너무 자유로운 나머지 자기 자녀들이 신앙을 지키기가 힘들다고 판단했기 때문입니다. 또한 네덜란드에서 말이 서툴러서 성공하기 힘들다고 판단한 것도 작용했습니다. 그들은 신대륙에서 개척 노동자를 모집한다는 말을 듣고 잉글랜드로 건너가 메이플라워호에 함께 승선합니다.

미국으로 건너간 청교도들이 1621년에 혹독한 겨울을 보내면서 절반이나 되는 사람들이 얼어 죽었습니다. 그다음 해에는 인디언들의 도움을 받아 농사를 지어서 풍성하게 수확했습니다. 그들은 도와주었던 인디언들을 초청해 3일 동안 추수를 감사하는 잔치를 벌입니다. 추수한 곡식과 과일, 야생에서 잡은 칠면조 등을 요리하여 잔치를 벌인 것이 미국 최초의 추수감사절이 되었습니다. 지금도 미국은 11월 넷째 주 목요일(그다음 날인 금요일도 휴일로 지정하여 토요일과 주일까지 4일 동안 휴일을 갖는다)을 추수감사절로 정하여 대대적인 잔치를 벌입니다. 금요일은 '블랙 프라이데이'(Black Friday)라고 해서 상점들이 대대적인 할인행사를 합니다. 사람들은 자기 고향, 가족에게로 돌아가 온 가족이 추수감사절 식사를 나눕니다. 이때 호박파이와 칠면조 요리가 빠짐

없이 등장합니다.

　우리는 청교도들의 추수감사절을 토착화시키는 것이 좋겠습니다. 우리에게는 고유의 명절인 추석이 있기 때문입니다. '더도 말고 덜도 말고 한가위만 같아라'고 하였던 바로 그 명절 말입니다. 우리 민족이 지키던 추석이 바로 추수감사절입니다. 추석에 민족 대이동을 합니다. 도시로 나갔던 자식들이 고향의 자기 마을로 돌아갑니다. 연어가 자기가 태어난 곳으로 돌아가듯이 사람들이 자기 고향으로, 부모 품으로 돌아갑니다. 가을걷이한 것을 가지고 조상들에게 차례를 지냅니다. 조상들이 지켜주었기 때문에 이렇게 풍성한 것을 추수하게 되었다고 말하면서 감사합니다. 우리는 조상들에게 감사할 것이 아니라 먹을 것을 주신 하나님께 감사해야 합니다. 추석에 먹을 것이 풍성한 것은 하나님께서 하늘로부터 햇빛과 비를 내려주셨기 때문입니다. 농사만큼 하늘에 의존하는 것이 없기 때문입니다.

　한 가지 제안을 해 보려고 합니다. 11월 셋째 주일을 추수감사주일로 지키기보다는 추석과 가장 가까운 주일을 '추석주일'로 지키는 것입니다. 공교롭게도 유대인들의 초막절은 우리의 추석과 날짜가 같습니다. 날짜 자체를 미신적으로 생각할 필요는 없지만 추석을 민족의 명절로만 생각하고 지나가는 것은 아쉬울 수밖에 없습니다. 추석주일을 통해 우리 민족이 추석에 하던 그 모든 감사가 하나님께 드려야 할 감사라는 것을 나타내 보이는 것이 좋을 것입니다. 고향 사람들과 주위의 이웃을 초청하여 기뻐한다면 더더욱 좋을 것입니다.

Q. 5월에 어린이주일, 어버이주일, 부부주일, 가정주일을 지키는 것이 옳은 것일까요? 교회는 가정의 중요성을 강조하기 위해 어떻게 하는 것이 좋을까요?

Q. 교회가 민족사(삼일절, 한국 전쟁, 광복절 등)와 관련된 사건들을 어떻게 기념하는 것이 좋을까요?

Q. 교단마다 특정주일을 지키자고 결정하고 개체교회들에게 그 주일에 헌금해 달라고 요구하는 것이 바람직할까요? 교단에서 복음사역을 하는 일에 어떻게 협력할 수 있을까요?

Q. 종교개혁기념주일을 지키는 이유가 무엇입니까? 이것은 거룩한 공교회를 나누는 것이라고 보아야 할까요?

Q. 맥추감사주일과 추수감사주일을 지키는 이유가 무엇입니까? 농경문화가 사라지고 있는 곳에서는 이런 감사주일을 어떻게 지키는 것이 좋을까요?

나가며

교회력은 고대교회의 지혜입니다. 매 주일을, 심지어 매일을 그리스도 중심적으로 예배하고 살아가려는 경건의 산물입니다. 중세교회는 이 근본정신에서 멀어져서 모든 날들과 절기와 축제를 지키는 것을 공로로 삼으려고 했습니다. 그 교회력을 있는 그대로 지키지 않으면 구원받을 수 없다고 가르침으로 신자들에게 두려움을 심어주고, 그들의 양심을 얽어맸습니다. 교회력은 이 세상 시간 속에서 그리스도를 누리게 해주고, 시간을 구속하고 자유롭게 살아가도록 해준 것인데 말입니다. 개혁자들은 번잡스럽고 미신적으로 변질된 교회력에 대해 거부감을 가졌습니다. 중세교회가 교회력을 부패시켰기 때문에 종교개혁자들은 교회력을 경계하고 타파하고 최소주의에 머물렀습니다. 개신교회는 부활절과 성탄절을 지키는 것 정도로 만족했습니다.

개신교회는 로마가톨릭에 대한 반발 때문에 교회력이라는 유산을 긍정적으로 받아들이지 못했습니다. 개혁이 진행되면서 청교도는 성탄절마저 지키지 않으려고 했습니다. 12월 25일을 성탄절로 지키는 것이 미신적인 것이라고까지 생각했습니다. 이렇게 개신교회는 지금까지도 로마가톨릭에 대한 저항과 반발심이 있어서 고대교회가 만들고 전해져 내려온 교회력을 터부시하고 있습니다. 주일만 지키면 되었지 절기들을 왜 지키냐고 말합니다. 교회력을 지키는 것은 '약하고 천박한 초등학문으로 돌아가서 다시 그들에게 종노릇'(갈 4:9)하는 것이라고 생각합니다. '날과 달과 절기와 해를 삼가 지키는 것이 복음의 모든 수고를 헛되게 하는 것'(갈 4:10-11)이라는 말씀을 예로 듭니다. 이 구절은 그리스도께서 유대인들의 모든 절기를 성취하셨는데 그 절기들로 다시 돌아가는 것은 구원을 내팽개치는 것이라는 말씀입니다. 그런데 이 구절은 교회력을 타깃으로 한 말씀이 아닙니다.

개신교회는 교회와 신앙생활을 단순화했습니다. 개신교회는 주일을 중심한 신앙생활이면서 동시에 모든 날들을 통해 하나님께 영광 돌리는 삶을 강조했습니다. 개신교회의 주일과 예배원리는 품위와 질서입니다(고전 14:40). 우리는 이 말씀에 근거하여 각종 기념주일과 감사주일도 단정하게 지켜야 하겠고, 교회력의 중요한 두 기둥인 성탄주기와 부활주기에 우리의 몸과 마음을 실어야 하겠습니다. 교회력은 우선적으로 설교자에게 실질적인 도움을 줍니다. 설교자들의 고민인 1년 설교본문을 균형 있게 잡고, 그리스도 중심적으로 잡는 데에 큰 도움을 줍니다. 교회력을 따라가다 보면 매 주일 정해진 성경말씀을 읽고 묵상하면서 성경 전체를 알고 누릴 수 있습니다. 이것이 곧 교회와 회중이 건강하고 균형잡힌 모습이 되도록 해줄 것입니다. 교회력을 통해 시간 속에서 그리스도를 충만하게 누리기를 바랍니다. 교회력의 흐름을 잘 따라가면서 교회생활이 더 단정해지고, 우리 자신의 모습도 해가 가면 갈수록 그리스도를 닮은 모습이 되기를 바라마지 않습니다.

참고문헌

주승중, 『은총의 교회력과 설교』, 장로교신학대학교출판부, 2014.

로버트 E. 웨버, 『교회력에 따른 예배와 설교』, CLC, 2006.

에드워드 T. 혼, 『교회력』, 컨콜디아사, 1994.

교황 베네딕토 16세, 『전례의 정신-입문서』, 성 바오로, 2006.

이병희, 『교회력에 맞춘 365일 묵상집』, 코람데오, 2011.

존 스토트, 『나의 사랑하는 책: 교회력에 따른 매일 성경 묵상』, IVP, 2012.

Laurence H. Stookey, 『Calendar: Christ's Time for the Church』, Abingdon Press, 1996.